世界哲學家叢書

李　　　　覯

謝 善 元 著

1991

東大圖書公司印行

國立中央圖書館出版品預行編目資料

李覯／謝善元著.--初版.--臺北市：
東大出版：三民總經銷，民80
面；　　公分，--（世界哲學家叢書）
參考書目：面
含索引
ISBN 957-19-1220-4（精裝）
ISBN 957-19-1221-2（平裝）

1.（宋）李覯-學識-哲學　2.哲學-中國-北宋（960-1126）
125.11　　80000903

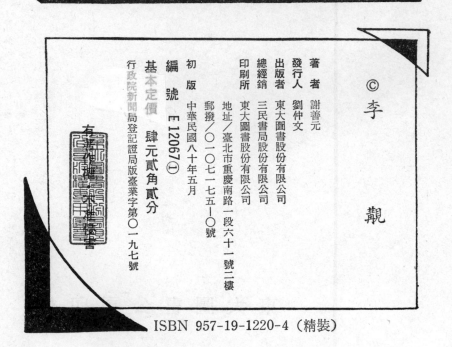

著　者　謝善元
發行人　劉仲文
出版者　東大圖書股份有限公司
　　　　地址／臺北市重慶南路一段六十一號二樓
　　　　郵撥／〇一〇七一七五一〇號
總經銷　三民書局股份有限公司
印刷所　東大圖書股份有限公司
初　版　中華民國八十年五月
編　號　E 12067①
基本定價　肆元貳角貳分
行政院新聞局登記證局版臺業字第〇一九七號

ISBN 957-19-1220-4（精裝）

展，重新提高它在世界哲學應有的地位。為了解決此一時代課題，我們實有必要重新比較中國哲學與（包括西方與日、韓、印等東方國家在內的）外國哲學的優劣長短，從中設法開闢一條合乎未來中國所需求的哲學理路。我們衷心盼望，本叢書將有助於讀者對此時代課題的深切關注與反思，且有助於中外哲學之間更進一步的交流與會通。

最後，我們應該强調，中國目前雖仍處於「一分為二」的政治局面，但是海峽兩岸的每一知識份子都應具有「文化中國」的共識共認，為了祖國傳統思想與文化的繼往開來承擔一份責任，這也是我們主編《世界哲學家叢書》的一大旨趣。

傅偉勳　韋政通

一九八六年五月四日

自　序

《李覯》是我在美國芝加哥大學攻讀博士學位時所寫論文的中譯本。論文完成於一九七二年。七年後，由美國舊金山的中國資料中心出版成書，書名是《李覯之生平與思想》❶（以下簡稱「李著」)。

我本來並未打算要把「李著」譯為中文，可是，經不起一位老友的慫恿，我終於提起筆來忠實地把「李著」譯完。事情發生在七年前。一九八三年一月，我到加州柏克萊市去找在加大做研究的陳鼓應教授，告訴他一些我讀他《老子今注今譯》之後的感想，他忽然興沖沖地要我把「李著」譯為中文。他說，大陸的學術界鑒於李覯在中國思想史中有他獨特的見解與地位，已經把他的文集（《直講李先生文集》）用新式標點符號標注好付印❷，你的「李著」正好與這活動配合。經他這麼一說，我忍不住動了心，於是立即動手翻譯。

「李著」中當然有一些可以滿足讀者求知慾的資料。李覯的

---

❶ Shan-yuan Hsieh, *The Life and Thought of Li Kou, 1009-1059.* San Francisco: Chinese Materials Center, Inc., 1979.

❷ 《李覯集》，北京中華書局出版，一九八一年。

主要著作裏以那些最有價值？他對儒家思想有什麼重大貢獻？他為什麼會對法家思想有濃厚興趣？他如何調和這兩家思想？這許多問題都可以在「李著」裏找到答案。

我自己覺得李覯對中國思想史所做的最大貢獻在於區別傳統五德（卽仁義禮智信）中的兩大類別，並把其中一類中的四德理出一個次序來。屬於原則性的四德依次為仁、智、義和信，而禮是含蘊這四德而又規範人生中具體行為的條例。

經歷幾百年之後，隨着生產方式及生產關係的改變，規範人的行為的條例當然也必須作適時的調整。可是把所有包含在「禮」這一觀念下的條例全部用「吃人禮教」的罪名拋棄掉，甚至把禮背後的仁智義信原則也一併鏟除，我覺得是太過份了。以人生境界而論，光靠德而不依法，未免太大而無當；可是，處處以法為最後依歸，畢竟還只是中等水平。能够「依法望德」，似乎才比較理想。

廿世紀卅年代以來，國人最常聽到的道德訓誨是「四維八德」。純粹從學理觀點來分析，四維其實只是二維，卽禮和義，因為廉和恥都可含攝在義之下。這一點唐朝的柳宗元早已指出過。八德其實只有三德（卽仁信和義），因為仁可攝孝和愛，義可攝忠，而和及平是人在行了德以後所到達的心理境界。

因此嚴格地說，四維八德論不及五德論（而且前者還把智給甩掉了，叫人都不用腦袋瓜想），而五德論經過李覯整理以後，才有一點系統道德論的規模。

卽使在今天，我還是認為禮的條目可以修改，禮作為含蘊四大道德觀念的規範人們日常生活中行為的條例總稱，依然有它的社會功能。它是人們在循法之後幫助人們朝更高人生境界邁進的重要參考資料。

我很欣慰我是《李覯》這書的作者，我希望也相信讀者們會分享我的快樂。

謝善元

一九九〇年四月七日
美國加州聖荷西市

李　覯　目　次

導　言

1968年，我決定選宋朝的李覯（1009-1059）作爲我論文的中心人物時，已經有好幾位學者對李覯的著作表示過興趣了。胡適恐怕是近代第一位爲李覯的思想寫長篇文章的中國學者。他那篇文章定稿於1922年，其中指出李覯與王安石的思想有相通處❶。接著，巴拉徐教授在1933年用德文寫了一篇文章，把李覯——王安石的先驅——介紹給歐洲的讀者❷。日本學者也有對李覯有興趣的，其中至少有三位曾撰寫文章討論過他❸。在這三篇文章裏，最令人拍案叫好的，是本田濟所寫的那篇，因爲他曾對李覯的著作做了一番正確的批判和評價❹。

---

❶ 胡適，<記李覯的學說>，見胡適，《胡適文存》二集，卷2，頁35-39。這篇文章原先刊於《努力週報讀書雜誌》1922年版。

❷ 見巴拉徐，《中國的文明與官僚體制》，頁277-289。

❸ 他們是諸橋轍次，《儒學的目的與宋儒的活動》，頁273-293。本田濟，<關於李覯>，見《石濱先生古稀紀念東洋學論叢》，頁506-517。麓保孝，《北宋期間儒學之開展》，頁91-100。

❹ 本田濟說，李覯對禮的了解是很精闢的；他的《禮論》是他後期思想的基礎。這兩點評論都很正確。

可是前述諸君都不曾為李覯的生平和思想做一番徹底的研究。有鑒於此，我於是決定分析他的整部文集❺，而分析的結果，是出版了本書。

我在寫書時所用的研究方法、步驟，以及術語，都是因襲常規的❻。第一章交代了宋朝開國以後七十年間的社會概況，以便讀者能了解，李覯是在什麼樣的一個環境中出生以及長大的。第二章勾描出李覯的生平大事。

第三章順着年代討論了李覯的重要作品。我不但推斷了各種著作的殺青年月，介紹了它們的主要內容，也討論了它們在李覯一生寫作中的意義與份量。

第四至第六章是全書的精華所在。我在這裏用三種不同的角度來察看李覯的各種觀點。第四章交代了李覯對各種政治問題的看法並把這些看法和先秦諸子的哲學作了比較。我之所以這麼做是因為李覯自稱他曾熟讀過中國先哲的書。把兩者相比可以讓我們了解李覯到底從他們那裏承襲了多少思想。由於我沒法找到一個現成而又合乎我需要的參考間架，因此我就特地為這一章建立了這麼一個間架。我在建架過程中閱讀了《論語》、《孟子》、《荀子》、《商君書》，以及《韓非子》，因為這些書是李覯政

❺ 我當初寫論文時所用的資料是《四部叢刊》的《李直講文集》。現在為了讀者閱讀翻查的方便，所有引用到的出處，都以《李覯集》為主。

❻ 所謂「因襲常規」的意思，是說我沒有標新立異地創出一套術語來作為分析李覯思想的工具。我所用的名詞，為「政治」、「經濟」、「社會」等等，都是常用的名詞。

治思想的主要來源❼。第五章探討了李覯對儒家哲學系統所作的貢獻。第六章審視了他對當時社會上各種問題的批評。我在這一章裏所用的小標題，諸如政治、軍事、經濟、財政，以及社會等等，都是常用的類詞。不過這些類別似乎挺管用的。另一方面，這些類別幫助我對李覯與王安石之間的政治思想所作的比較。這一個比較是第七章的主要課題❽。

至少有兩位學者曾聲稱李覯是王安石的先驅❾。可惜他們不曾細細比較李王之間思想的異同。其次，至今還無人能斷定是否李王兩人曾經邂逅相識❿。本書第七章爲李王兩人的思想作了一個有系統的比較（我所用的類別，就是原來分析李覯生平與思想時所用的類別），同時衡量了介紹他們兩人相會或相識的幾種可能情形。我的結論是：李覯曾對儒家的哲學思想起了提昇和精

---

❼ 李覯從《周禮》那兒獲得許多靈感。這是他對宋朝許多制度提出不同建議來的依據。跟西漢的劉歆（卒於23)和東漢的鄭玄(127-200)一樣，李覯相信《周禮》一書出自周公旦的手筆。見《李覯集》頁67。不過，近代有幾位學者卻支持何休（129-182)的年代推算法。他們認爲《周禮》一書可能寫定或編定於戰國時代。見顧立雅《中國治國術的起源》，頁 479。我個人同意顧立雅教授以及近代學者的結論。我相信先秦諸子的哲學，從年代上説，是先於《周禮》出現的。在本書內，只要情況許可，我會把李覯引用先秦諸子及《周禮》時的出處指點明白。

❽ 我在第六章裏比較了李覯對宋朝各項問題所提出的解決辦法，以及與他同時的當代諸賢的看法。

❾ 見胡適，前引書，頁 35；巴拉徐，前引書，頁 277。

❿ 當然，人與人之間是否曾謀面相識並不是意見承襲的先決條件。

錬作用，而王安石沒有。可是王安石對儒家和法家⓫思想的了解並不比李覯差。作爲時政的批評者，李王兩人是不相伯仲的。然而他們的政治命運卻大異其趣。李覯一直沒有機會擔任政府公職。晚年雖然撈到一官半職，這職位也低微得可憐；反觀王安石，卻有得君寵、施抱負的千載難逢良機。我無法確定李王兩人是否曾相見相識，可是我深信，他們兩人彼此都知道對方的存在，而他們之所以能相識，是因爲他們兩人有共同的朋友——祖無擇。

本書的主題是一位北宋學者的生平與政治思想，可是，書裏也觸及一些理論性的問題。這些我在結論章有點交代。

不消說，宋代思潮裏有其他許多層面可能與李覯的政治思想有關。第一個名正言順的問題是：李覯與宋朝幾位知名的理學家之間有何淵源或連繫？我的印象是：李覯很少涉及形而上學的問題⓬。他和當時的幾位知名的理學家諸如邵雍（1011-1077）、周敦頤（1017-1073）、張載（1020-1077）、程顥（1031-1085）或程頤（1033-1107）似乎沒有來往。李覯在飽受儒家思想薰陶的那段時期裏，並沒有跳出當時儒學傳統的範疇。他的主要與

⓫ 通常我們用「法家」這名詞時，會把重心放在由商鞅所主倡的刑法上，從而忽略了申不害所強調的行政控制技巧。見顧立雅，《何謂道家？》頁92-120。讀者若想知道申不害生平及思想的詳情，請看顧立雅，《申不害——中國公元前四世紀的政治哲學家》。我對「法家」這一名詞命名上的缺陷很瞭解。可是，我在本書中依然沿用了這名詞，因爲我找不到一個更恰當的代用詞。

⓬ 這句話有個例外情形。在《易論》裏，李覯確曾討論到一些形而上學的論點。不過那些玄學上的討論似乎並不很系統化。見本書，頁56。

趣顯然只在於與宋朝當時政治問題有關的那些思想命題。在這方面，他和王安石是極類似的。兩者都是從實用觀點取向的。

我在寫書過程中所用的資料當然是不完整的。不過我已經盡力好好選擇——選擇那些能夠代表中國思想主流及能代表宋朝歷史背景的資料。如前所述，我用了先秦諸子中五子的著作，《周禮》以及李覯、王安石、韓愈（768-824），和柳宗元（773-819）的文集。有關宋朝開國以後五十年內的大事，我用的材料主要來自陳均的《皇朝編年綱目備要》以及李埴的《皇宋十朝綱要》。1009至1041年間的歷史材料，大部份採自李燾的《續資治通鑑長編》。與李覯同時期的許多其他北宋人物的文集，當然可能會幫助我們了解十一世紀上半葉的社會與政治情況。可是，爲了使我的研究易於掌握，我決定不涉及它們。

第一章 歷史背景

人的思想和行爲雖然不至於會被他所處環境完全支配，通常會受到它強烈影響。李覯也不例外。

李覯生於1009年，正値眞宗（宋朝第三任皇帝）當政（眞宗在位期自998-1023）。那時宋朝開國期間所遭遇到的種種困難多半已經迎刄而解。整個國家於979年完全統一。透過一連串機警精明的策略和佈署，太祖（於960-976之間在位）及太宗（於976-998在位）已經把中央政府的權力與威信建立起來[1]。有威望的軍事將領們在961年就被紛紛解除軍權[2]，將領與士兵經常地被調防，這樣就達到兵不專將，將不專兵的結果。中央又派通判到各地去分節度使和知州的權[3]，同時不讓知州管財政或司法[4]。只要情況許可，中央會派文人去接管軍人的行政工作[5]。地方上的叛亂也迅即敉平[6]。

宋朝與鄰國之間的外交關係，在眞宗時也進入一個新的境界。邊區已沒有戰事。宋與北鄰遼國（907-1123）之間曾於979年開戰。986年，宋軍屢被打退，可是隨後八年內雙方互有勝負。宋遼之間的戰爭終於在1004年隨着澶淵之盟而告一段落[7]。遼主答應尊宋帝爲兄，宋則每年給遼歲幣，計絹二十萬匹，銀十萬兩❽。此外，西夏李繼遷❾連續二十年的進擾，也因他的死亡而於1004年告終❿。

另一方面，幾乎年年都氾濫⓫的黃河，進入十一世紀後，似乎已被控制住。爲了使開墾土地的事能更有效率，轉運使及知州常常兼任勸農使⓬。由此看來，1004年以後宋朝財政收入逐年增加⓭可說是事非偶然。1010年及1012年，稻穀豐收，糧價大幅下降⓮。

因此李覯出生時正值和平豐裕年頭。在他廿五歲以前，宋朝不曾與其他國家開過戰。從任何一個角度看，宋朝社會是欣欣向榮的。

一、宋朝社會的光明面

宋眞宗是一個頗有良心的皇帝⓯。他自知光靠他自己的力量不足以持國⓰，因此他焦急地找人輔助⓱。如果他找到可靠的大臣，他會信任他們，並把國家交給他們治理。譬如說王旦就曾被眞宗授權處理朝中一般政務，不需要事事先得眞宗同意。這一種做法曾嚇壞了許多在朝裏服務的高官。他們壓根兒沒想到皇帝與大臣之間能互相信任到這種地步⓲。眞宗自己又想到要改良當時的考試制度。從1012年起，他屢次下詔要負責考試的官員在錄取進士時，把考試的重心放在趕考人的策論上，而不放在詩賦上⓳。另外，爲了要提醒他自己，「農夫耕田是很辛苦的」，他命令屬下在禁城的花園裏種稻⓴。他阻止各地把珍禽異獸獻到宮中去㉑，禁止皇室人員佩帶奢侈的衣物㉒。1015年，他把一百八十四名宮女自宮中放回民間㉓——這一方面是基於人道上的顧慮，另一方面也是爲了節省宮中開支[24]。

眞宗對軍事問題也很關心。他雖然希望能夠避免戰爭，以便讓老百姓過一個舒服的生活[25]，但總覺得，即使在平時，充足的軍備還是必需的[26]。因爲他心裏有這種想法，因此他不曾在1010年年尾遼國和高麗開戰時，趁遼國戰敗時刻進擊遼國[27]。另一方面，宋的驍將（其中以曹瑋最爲傑出）成功地擊退了趙德明[28]和嘉勒斯賚在西北邊陲的寇擾[29]。

在經濟和財政政策方面，宋朝政府致力於促進農耕和保護農夫，1012年，眞宗下令把早熟的占城（今越南南部）稻擴種到江南、淮南、和兩浙這三路去（這早熟稻早先已在福建試植成功）[30]。次年，政府下令免農器的稅[31]，並獎勵地方官修繕各地的池塘和水堰[32]。爲了防止農民棄田到別地去，眞宗不鼓勵新銅鑛鑛冶設備的建立[33]。最後，眞宗交代三司抽茶、鹽、和酒的專賣稅（而不考慮增加農民的賦稅）來達到提高國家收入的目的[34]。

眞宗又試着阻止老百姓過奢靡的生活。他對一般人的使用金子特別注重。在他當政期間，他曾三番兩次地下詔，勸阻政府及私人用金子作各種飾物[35]。即使在致送給遼國的政府文件上，金線也被絲線所取代[36]。

眞宗於1022年去世。繼他而立的是仁宗（1023-1063）。仁宗登基時年紀還輕，因此由劉皇太后輔政，重要政事，由她作最後決定[37]。劉皇太后聽政十一年間，大部份是蕭規曹隨，只是執行眞宗去世以前所制定的政策。政府繼續在進士考試時注重策論[38]。1029年，政府聽取了參知政事夏竦的建議，恢復了制舉科考試，希望能招攬天下之士[39]。政府又鼓勵地方官吏幫助農夫[40]，同時阻止礦冶業（包括挖金礦在內），深恐礦冶業的發達會把農夫引誘走[41]。

不過，宋朝在這段期間雖然邊境無事，經濟繁榮，有許多嚴重問題卻正是在這段看似太平的日子裏醞釀出來。

二、潛伏的種種問題

問題之一是皇帝的性格。眞宗顯然是一個很迷信的人。他說宮中有天書自天而降，帶給他特別的訊息[42]。他並說他在夢裏遇到了玉皇大帝的使者[43]。其他祥瑞，如龍的顯現[44]、靈芝的發現[45]等等，也都在眞宗治國期間發生。雖然有許多大臣敢冒犯天顏，率直地指出所謂天書和種種祥瑞只是自欺欺人的玩意，毫無意義可言[46]，眞宗卻沉緬在迷信中而無法自拔[47]，1008年，他下詔建立一個觀[48]，並委任三司使丁謂做總監工[49]，而丁謂正是有名的善於奉迎的壞蛋[50]。

另外一個問題牽涉到政府官吏。政府知道官吏的俸祿很低，因此給他們職官田[51]，並增加他們的薪水[52]，希望他們能因此而盡忠職守。可是，這些措施並不經常有效。有些官員便假公濟私地侵吞了民田[53]。又有些官員接受賄賂[54]，從事土地買賣活動[55]，或替有錢人在政府機構裏謀職或索求榮譽，假稱這些人是他們的親戚[56]。據右司諫魯宗道說，整個政府裏面，眞正奉公守法，爲民請命的官員，估計不會超過百分之二十[57]。

我們無法證實魯宗道的估計。可是，如果他的話有可靠性，那麼敗壞官吏風氣的原因之一，可能是政府過分寬鬆的錄用政策。由於想及早收回在各地管理民事的軍人的權力，太宗在977年便決定大量錄取進士。他希望這些文官能逐漸昇爲通判，以便去分知州的權[58]（這些知州多半是不容易趕走的武將）。因此，977 年有一百零九人被錄取爲進士[59]，而太祖在位時，最高的進士錄取額只有十九人[60]。進士及第的總人數，在十世紀最後二十年內增加得更明顯了。985年，有二百五十八人得進士。992年，三百五十三位。1000 年，增加到四百零九人[61]。仁宗即位後，這種趨勢有增無已。1034年，有四百九十九人得進士資格；1046年，增爲五百三十八人[62]。在這種情形下，很可能有許多操守不好的人也當了進士，因爲赴考人的人品與是否通過考試並沒有很大的關連。也許是因爲如此，宋政府於1026年下詔給地方官吏，要他們做一點人品審查的工作 —— 凡是詩賦很好，但缺乏自制能力者，不得參加進士試[63]。

軍事方面，最嚴重的問題恐怕是兵士數目的膨脹了。宋朝剛於 960 年建國時，士兵總數是二十二萬人。可是到十世紀末，人數便已高達六十六萬六千人了[64]。四十年之間，士兵總數擴充了三倍。也許是擔心軍人人數增加太快，宰臣王旦反對在農業歉收期間從失業人羣中召募士兵[65]。由於同樣的顧慮，眞宗在1018年希望能裁減駐在京師的衞戍部隊[66]。可是這一個希望並未實現，因爲宰臣向敏中及王欽若只採取了一些浮泛的辦法把事情應付過去[67]。

財政和經濟領域裏也有危險訊號。首先，農耕面積的增加趕不上人口的增加率。976 年，全國農墾地的面積是二億九千五百萬畝[68]；1021年，農墾面積是五億二千四百萬畝[69]，增加率是百分之七十六。可是，同時期內的總戶數卻從三百萬戶增至八百六十萬戶，其增加率是百分之一百八十[70]。除非單位面積的生產量有革命性的突破，否則每戶平均收入一定會減低。

這一層問題由於賦稅的不平等而變得更加複雜。有大片土地的大戶人家往往只須繳納一些象徵性的土地稅，而窮苦無靠的農夫卻需負擔大部份的稅額。社會上的財富因而出現兩極化的現象——富者愈富而貧者愈貧。早在1013年，眞宗就已經注意到這種現象；他也曾希望能把這問題儘快解決[71]。可是他的兩名宰臣（王旦和向敏中）卻建議政府採取一種漸進的改良法，要逐路逐路地實施[72]。事實顯示這種改良並不見效，因爲在1020年還有人埋怨說稅收太不公平。中央因而下令各地方政府的官員親自檢驗每年收取兩次的稅額是否公允[73]。

可能就是在那一段稅收不公平的時期裏，大批農民決定放棄種田，不再繼續做世代相傳的職業。有許多農人可能就改以經商謀生。這也就是中央爲什麼在 1026 年下詔優待再回去耕種的農民[74]。基於同一原因，在短短十五年內，商業稅收的收入居然猛增三倍[75]。

另外一個令人煩惱的問題是強制性義務勞動的分配。由於負責運輸官方財物的責任太大，許多村里的農戶往往被搞得傾家蕩產[76]。有許多人因此就投靠到可以免徭役的大戶人家那裏去避難。他們僞造契約，僞稱已經把田地賣給大戶人家，希望因此躲掉勞役的負擔。中央希望能阻遏這種風氣，可是它所採用的辦法卻純粹是消極的。它並沒有設法把勞役的分配弄得均匀一點，也沒有設法去阻止大戶人家充擋箭牌；相反地，它卻規定了許多處罰僞造售田契約的農夫的辦法，同時鼓勵人家告密[77]。

中央這種短視與怯弱也反映在它對放款生息人的政策上。在1016 及 1018 年，許多農夫因爲無法還債付息，遭遇到被債主奪走耕牛及桑田的危機。可是，中央並沒有去探討「爲什麼農夫要舉債？」這類問題；相反地，它只下詔不許債主逼取耕牛及桑田[78]。

中央也拒絕聽取左諫議大夫孫奭在1018年所提的警告：中央必須減縮它的開支[79]。1005年11月，政府的郊祀便費了七百萬貫；1008年10月，皇帝到泰山去行封禪禮，又花了八百萬貫[80]。其他每三年舉行一次的郊祀，每次花費一百五十萬貫[81]。一直到1023年權三司使李諮及鹽鐵判官俞獻卿上奏建議裁減冗費，新登基的皇帝才答應委派官員去勘查削減費用的可能[82]。中央緊接著減少了一些祭祀及國宴次數，可是這些措施似乎並沒產生大效果[83]。

社會上僧侶數目的增加也是一個問題。這很可能是因爲僧侶一多，稅收就跟着減少。1024年，權判都省馬亮指出，全國僧侶總有好幾十萬。由於僧侶驟然之間湧入各地寺院，嚴格執行院裏的清規便有困難，所以有些僧侶便落魄變爲盜賊。馬亮因此建議政府下令限制各寺院每年容納新僧的人數[84]。

在十一世紀的最初二十年裏，宋朝社會的用酒量有逐步上昇的現象。這可能是因爲商人談生意時，必須招待準顧客；也可能是因爲政府的鼓勵以及大家心情上都比較放鬆。不管如何，995年及998年的酒稅是二百萬貫，十年之後，升到四百萬貫。到1021年時，它已增加到一千兩百七十萬貫了[85]。這一個總數與商稅相同，而遠超過茶稅或鹽稅[86]。

三、結　論

李覯生在一個充滿希望但又有隱伏問題的時代裏。宋朝的國基已經穩固，邊境也沒有戰事，眞宗皇帝誠心誠意地謀求老百姓的福利。可是，就在十一世紀的最初二十年裏，許多事開始惡化。充當官員的人數驟然增加，貪婪成性的人便無法摒除在外。兵士的總數多得離譜，無論怎樣也無法圓滿解釋，可是當政宰臣還不覺得有大幅度裁縮的必要。在財政及經濟方面，問題最爲嚴重。人口的增加超出了耕地的擴充速度。土地稅的分派及義務勞動的分擔並不公允，而中央旣無勇氣或智慧，又無決心去解決問題。結果無數農夫不是棄田而走，便是依附於大戶人家。土地稅收的減損也許被商稅及酒的專賣費彌補了過來，然而中央政府卻一直還沉緬在各種祭祀及典禮的耗費上。雖然它在1023年一度醒覺，發覺本身必須節約，各種問題卻依然存在。

附 註

❶ 不消說，這裏所述的宋初種種情形都是粗枝大葉、過分簡化的。譬如說，國家統一以後，問題還是此起彼落，防不勝防。如何監視長江以南諸國後裔，便是問題之一。正如王夫之 (1619-1692) 所說，宋太祖的一生都是在憂懼中渡過的，因爲他沒有重權、沒有皇室的威望、沒有學識上的素養、也沒有民衆的擁戴，而這些都是統治者必須具備的條件。「權不重，故不敢以兵威刼遠人；望不隆，故不敢以誅夷待勳舊；學不夙，故不敢以智慧輕儒素；恩不洽，故不敢以苛法督吏民。」見王夫之，《宋論》頁 2-3。

❷ 「辛酉建隆二年……七月庚午，始用趙普之謀，命侍衞馬步軍都指揮使石守信……高懷德……王審琦……張令鐸皆罷軍職，出領諸節度。」見《綱要》卷 1，頁 7。《備要》卷 1，頁 18 上-19 下。聶崇岐教授指出當時被解除軍權的將領全部都是禁兵的首領。他們不同於駐在京城以外的諸鎭節度使，雖然宋初的君主也曾想法解除後者的軍權。見聶崇岐《論宋太祖收兵權》，頁 85-106 。

❸ 「初置通判，以分節度刺史之權。」見《綱要》卷 1，頁 8 下。

❹ 「乙丑乾德三年……三月、令諸州令入輸京師。……置轉運使、通判，由是利歸公上，外權削矣。」見《備要》卷 1，頁 50 下。

❺ 「或節度使有闕，則以文臣權知諸州。」見《綱要》卷 1，頁 8下。

❻ 王小波與李順於 993 年起兵叛亂。他們於 993 及 994 年分別被殺。見《備要》卷 4，頁 15；卷 5，頁 2-4。欲知詳情，請看張蔭麟<宋初四川王小波李順之亂>，及蘇金源、李春圃合編，《宋代三次農民起義史料彙編》。

❼ 澶淵之盟之所以能够締結，是因爲宋遼雙方都有恐懼感。遼軍南犯顯然離本國基地太遠。他們無法長期作戰，因爲他們的補給線可能給宋軍切斷。另一方面，眞宗懾於遼軍的軍容，極不願意與遼軍面對面作戰（眞宗似乎得到了太祖與太宗的不安全感）。因此，透過宋降將王繼忠的斡旋，宋遼遂締結和約。這一來，宋等於是正式放棄了要收復長城之內燕雲十六州的雄心。爲了要平衡這一個恥辱，

眞宗以後異想天開地弄出一些天書自天而降的玩意。這些本章後面會再討論。有關澶淵之盟的種種幕後消息，請看金毓黻，《宋遼金史》，頁 33-40。

❽ 見《綱要》卷 3，頁 11。 除掉給歲幣之外， 澶淵之盟其他各點是以宋遼雙方之平等爲出發點的。這似是中國第一次與鄰國簽平等條約。見柯睿格，《宋初的文官制度》，頁 10。蔣復璁，《澶淵之盟的研究》卷 2，頁 192。

❾ 據宋史記載，李繼遷的祖先是拓跋族人。他們在九世紀末，幫助衰微的唐朝平定了黄巢之亂，因此被賜封爲李姓，統管定南軍（今陝西北部）。982 年，族主李繼捧到開封晋見宋主，隨後表示願留居中國。但族弟繼遷不肯歸順。他帶領族人侵犯銀州，進而侵占，並與遼國公主通婚。他不斷侵擾宋朝的西北邊陲。最後他的孫子終於建立了西夏國。見《宋史》卷 485，頁 5-9。

❿ 「甲辰景德元年……（趙）保吉中流矢死，其子德明襲位。二月，德明請降。」見《綱要》卷 3，頁 10。

⓫ 依陳均記載，黄河在 960 至 993 年之間，幾乎年年引起水災。它於 963、965、966、967、971、972、975、976、978、979、982、983 年氾濫。見《備要》卷 1，頁 11 下，頁 38 下，頁 51 上，頁 52 下，頁 55 上，頁 55 下； 卷 2，頁 3 下，頁 24 下， 頁 25 下，頁 41 下； 卷 3，頁 2 上，頁 6 上，頁 8 下，頁 12 ，頁 25下，頁 32 下； 卷4，頁 41 上。

⓬ 「景德三年……二月丙子， 詔諸路轉運使、知州， 皆兼領勸農使事。」見《綱要》卷 3，頁 12 上。

⓭ 「景德初，権務連歲增羡，三司卽取多收者爲額……」見《宋史》卷 179，頁 3。

⓮ 「大中祥符八月癸酉陳堯叟言，河中府管內秋苗茂盛，穀價至賤……」。見《續長篇》卷 74，頁 7。另見卷 77，頁 2 下，頁 3 下；卷 78，頁 2 下，頁10， 頁 15。全漢昇教授的結論是： 960 至 1022 年，宋朝市面上的物價是下降的；而 1023 年至 1067 年，物價是上漲的。物價上漲的原因是西夏跟宋朝之間有戰爭。見全漢昇：<北宋物價的變動 >，《中央研究院歷史語言研究所集刊》卷 11，頁 338。不過，西夏大擧侵宋是 1038 年以後的事。

⑮ 不過他也有許多缺點。見本書，頁 4。

⑯ 他說:「天下至大，人君何由獨治也?」見《續長篇》卷 86，頁 7 上。

⑰ 「大中祥符二年……五月……庚午，上謂輔臣曰:『……朕孜孜求賢，猶慮在下位者思有以庇民報國，而朕不能亟知且峻用之……卿等有聞，當即啓白。』」見前引書卷 71，頁 18 上。

⑱ 「大中祥符九年九月丙午……上曰:『王旦事朕多歷年所，朕察之無毫髮私。自東封後，朕諭令小事一面專行，卿等當謹奉之。』」見前引書卷 88，頁 1 下-2 上。

⑲ 「詔入第四等者，以賦論爲先，詩次之。」見前引書 卷 77，頁 9 下。又見卷 99，頁 13。

⑳ 「上曰:『禁中植稻，暇日臨觀刈穫，見其勞力，愈知耕農之可念也。』」見前引書卷 79，頁 9 上。

㉑ 「令諸州依前詔，勿以珍禽異獸爲獻。」見前引書，頁 12 下。

㉒ 「禁皇親募工造侈靡服物。」見前引書卷 71，頁 24 上。
後宮有一個姓杜的宮女，違犯了「禁銷金」的命令，結果被罰「出家爲道士。」見前引書卷 72，頁 6 下。

㉓ 「庚子，放宮人一百八十四人。」見前引書卷 84，頁 17 上。

㉔ 另外一個原因可能是眞宗想調和宮裏的陰陽。宮裏有太多的宮女，是陽（由皇帝代表）衰陰（由皇后及宮女代表）盛的表示。

㉕ 「上曰:『邊臣利於用兵。殊不知無戰爲上。』」見前引書卷 83，頁 16 上。

㉖ 「上曰:『安不忘戰，古之道也。』」見前引書卷 77，頁 3上。「上謂王欽若曰:『……今雖承平無事，然武備不可廢也。』」見前引書卷 81，頁 1。

㉗ 高麗和女眞合作，大敗契丹。事見前引書 卷 74，頁 13上-14 上。

㉘ 趙德明是李繼遷的兒子。宋朝君主於 990 年把皇朝的姓（趙）賜給李繼遷，可是李不接受。他的兒子就接受了。

㉙ 嘉勒斯賚是居於渭州（今甘肅南部）的一位藏族領袖。渭州正好在西夏國境之南。宋朝好幾次把嘉勒斯賚當作是牽制西夏兵力的盟友，並賞他官職。「大中祥符七年五月己酉，以渭州蕃族首領嘉勒斯賚爲殿直、充巡檢使。」見前引書卷 82，頁 14 下。另見卷 87，

頁 8; 卷 88, 頁 2。

㉚ 「上以江淮兩浙路稍旱卽水田不登，乃遣使就福建取占城稻三萬斛分給三路，令擇民田之高仰者蒔之，蓋旱稻也。」見前引書卷 77, 頁 13 下。

㉛ 「詔諸路勿稅農器。」見前引書卷 81, 頁 5。

㉜ 「丁卯，兩浙淮南勸農使王貫之等導海州界石闥堰水入漣水軍溉民田。知定遠縣江擇、知江陰軍崔立，率部民修廢塘、浚石溝，以灌高仰之田。詔並獎之……因諭諸路勸農司應塘堰可以利民者準此繕修。」見前引書卷 95, 頁 15 上。

㉝ 「民間言山出銅鑛，采鍊得實，望令興置冶務。詔不許。」見前引書卷 77, 頁 14 下。不許的理由是由 1028 年一個相似的詔書裏推引出來的。「王曾對曰:『採金旣多，則農民皆廢業而趨利，不當更誘之。』上曰:『誠如所言。……』」見前引書卷 106, 頁 4 下。

㉞ 「眞宗嗣位， 詔三司經度茶鹽酒稅以充歲用， 勿增賦斂， 以因黎元。」見《宋史》卷 179, 頁 2-3。

㉟ 「詔自宮禁迨臣庶之家一切服玩皆不得以金爲飾。」見《續長編》卷 84, 頁 16 下，頁 18; 卷 78, 頁 14 下。

㊱ 「詔契丹國信物舊用金爲飾者竝易以錦繡。」見前引書頁 16 下。

㊲ 「軍國事兼權取皇太后處分。」見前引書卷 98, 頁 3 下。

㊳ 「詔禮部貢院……其以策論兼考之諸科……。」見前引書卷 105, 頁 1 下。

㊴ 「詔曰: 『朕開數路以詳延天下之士，而制擧獨久置不設，意吾豪傑或以故見遺也，其復置此科。』」見前引書卷 107, 頁 8上-9上。

㊵ 「淮南江浙荆湖制置發運使趙賀言，蘇州太湖塘岸壞，及並海支渠堙廢、浸民田，卽詔賀與兩浙轉運使徐奭領其事，伐石增堤、浚積潦，自吳江東赴海……。」見前引書卷 101, 頁 6 下。

㊶ 「丁未，禁彭州九隴縣採金。」見前引書。

㊷ 「大中祥符元年正月乙丑，天書降于左承天門闕之上。上與宰相等拜受，導至朝元殿啓開，其辭始言上以至孝至道治世，次諭以清淨簡儉， 終述世祚延永之意。」見《 綱要 》卷 3, 頁 13 下。又見《續長編》卷 71, 頁 1, 頁 6 下，頁 12, 頁 16-17; 卷 81, 頁 15 下; 卷 82, 頁 15 下; 卷 94, 頁 4。眞宗之所以要搞天書這類

迷信，可能是基於政治上的考慮——他希望能藉此來挽回一點他簽訂澶淵之盟時所受的屈辱。見本書頁 9-10，❼。

❹❸ 「八日，上夢景德中所覩神人，傳玉皇之命云……。」見《續長編》卷 79，頁 5-6。

❹❹ 「趙州言聖像玉石船經州之石橋，河水淺澁，有黑龍鼓浪以進船……。」見前引書卷 80，頁 12 下。又見卷 81，頁 1；卷 94，頁 5。

❹❺ 「丁謂自亳州來朝，獻芝草三萬七千餘本。」見前引書卷 81，頁 14 下。又見卷 82，頁 2。

❹❻ 有三位大臣最敢言。他們是孫奭、張詠和魯宗道。見前引書卷 74，頁 16 下，頁 19；卷 81，頁 12 下；卷 85，頁 9；卷 93，頁 7-8。

❹❼ 最後這些天書於 1022 年隨着眞宗的遺體一齊埋葬掉了。這是王曾和呂夷簡的主意。當時王是中書侍郞平章事，呂是給事中。見前引書，頁 6-7。

❹❽ 「大中祥符元年四月丙午，作玉淸昭應宮。」見《綱要》卷 3，頁 10 下。

❹❾ 「以三司使丁謂爲修昭應宮使。」見《續長編》卷 71，頁 13 下。

❺⓿ 「(江)溥與謂相爲表裏，多載奇木怪石，盡括東南巧匠，以附會帝意。」見前引書卷 78，頁 10 上。

❺❶ 「七月甲申，詔外任官各給職田，蠲其稅。」見《綱要》卷 3，頁 7 下。

❺❷ 「詔定加文武官月俸有差。」見《續長編》卷 79，頁 11 下。

❺❸ 「詔自今天下群官職田並須遵守元制，無得侵擾客戶。」見前引書卷 87，頁 12 下。

❺❹ 「上謂宰相曰:『數有人言，官吏犯贓者多……。』」見前引書卷 85，頁 4 上。

❺❺ 「詔近臣除居第外，毋得於京師廣置物業。」見前引書卷 107，頁 7 上。

❺❻ 「權知開封府劉綜言：貴要有交結富民，爲之請求，或假記親屬，奏授爵秩……。」見前引書卷 80，頁 6 上。

❺❼ 「右正言魯宗道言……介然自守，約己恕物，不諂上、不瀆下，爲陛下孜孜於民政者，十不一二焉……。」見前引書卷 90，頁 2 下。

全漢昇教授說，有許多北宋的官吏也從事於茶、鹽、酒、醋、米、及布的買賣。見全漢昇<宋代官吏之私營商業>，《中央研究院歷史語言研究所集刊》卷 7，第二分頁 223-237。

58 「太平興國二年正月丙寅……擢進士呂蒙正等一百零九人。第一等第二等進士及第皆除京官，通判諸州，以興文教，抑武事。」見《綱要》卷 2，頁 8 上。

59 見前引書，頁 5 上。

60 「建隆元年，取進士楊礪等一十九人。」見前引書卷 1，頁 3 上。有一件事實必須在此加以說明。太祖在位時，幾乎每年都有考試(974 年是例外)。可是從太宗開始，考試便不定時擧行了。通常是每三年擧行一次。見《綱要》卷 1，頁 3；卷 2，頁 5；卷 4，頁 8-9。

61 「咸平三年，取進士陳堯咨等四百零九人。」見前引書卷 3，頁 5 上。

62 「慶曆六年，取進士賈黯等五百三十八人。」見前引書卷 4，頁 8 下。

63 「己亥，詔擧人雖文辭可採，而操檢不修者，州郡毋得薦送。」見《續長編》卷 104，頁 8 下。

64 見漆俠《王安石變法》頁 23。

65 「王旦曰：『言事者稱民間或有小歉及游手者皆宜募置軍籍。然一列軍門，何由復業？不若令田農有利自致滋殖也。』上然之。」見《續長編》卷 76，頁 8-9。

66 「上曰：『今京師兵可議裁減，存其精銳。』」見前引書卷 91，頁 7 上。那時士兵的總數已有九十一萬二千人。這是 960 年士兵總數的四倍。見漆俠，前引書，頁 23。

67 「敏中等曰：『軍額漸多，農民轉耗。近準詔，已住召募，或斥疲老，則冗食漸少。』」見《續長編》卷 91，頁 7 上。

68 當今一畝約合零點一六四七英畝。不過宋朝的畝又比較大些。

69 這些很可能是可稅田的面積。

70 見漆俠，前引書，頁 31。

71 「上曰：『……今天下稅賦不均，富者地廣租輕，貧者地蹙租重，由是富者益富，貧者益貧，玆大弊也。』」見《續長編》卷 80，頁 12。

72 「王旦等曰：『……改定之法，亦須馴致。或命近臣專領，委其擇人，令自一州一縣條約之，則民不擾而事畢集矣。』」見前引書卷 80，頁 12下。

73 「天禧四年秋八月……是月詔自今逐年兩稅版籍並仰令佐躬自勾鑿點檢，勘新收舊管之數……。」見前引書卷 96，頁 9 下。

74 「詔逃亡經十年以上歸業者，未得起稅。更候三年，減稅之十五。」見前引書卷 104，頁 21 下。

75 第十世紀最後十年內，商稅收入是四百萬貫。十一世紀第一個十年內，商稅增至四百五十萬貫。可是，1008 至 1022 年間，商稅幾乎增加了三倍，躍至一千零四十萬貫。見全漢昇，＜唐宋政府歲入與貨幣經濟的關係＞，《中央研究院集刊》第二十集，頁 213。

76 「天禧三年春三月甲申，屯田員外郎張宗誨言，諸州取年滿里正爲牙職，主掌官物，多致破蕩家業……。」見《續長編》卷 93，頁 6 下。

77 「詔諸民僞立田產要契、託衣冠形勢戶庇役者，限百日自首，改戶輸稅。限滿不首，許人陳告命官除名，餘人決配，所在揭榜示之。」見前引書卷 95，頁 1 下；又見卷 99，頁 14。

78 「詔民負息錢者，無得逼取其莊土牛畜以償。」見前引書卷 88，頁 1 下；又見卷 91，頁 11。

79 「奭……請裁省浮用，不報。」見前引書卷 92，頁 12 上。

80 「景德郊祀，七百餘萬；東封，八百三十餘萬。」見前引書卷97，頁 19 上。宋史的郊祀統計是六百零一萬貫。見《宋史》卷 179，頁 7 上。

81 「國家率三歲一親郊祀，共計緡錢常百五十餘萬貫。」見《續長編》卷 97，頁 17 下。

82 「天聖元年春正月……癸未，命御史中丞劉筠、提擧諸司庫務薛貽廓，與三司同議裁減冗費。」見前引書卷 100，頁 2 上。

83 「天聖元年春……二月庚申……禮儀院請帝及太后誕節本命宜如舊，他節命八宮觀迭醮，舊一歲醮四十九，請損爲二十；大醮二千四百分，請損爲五百。齋官第給湯茗。詔醮分爲千二百，餘悉可。」見前引書，頁 7 上。宋史上列擧了很多節省開支的措施，可是沒有標明實現這些措施的確切日期。因此我們只能對這些措施的意義有一個泛泛的印象。大部分措施似乎都是表面工作。見《宋史》卷 179，頁 4-5。

㉞ 「天聖二年冬十二月丙寅， 權判都省馬亮言：『天下僧以數十萬計，間或爲盜……請除歲合度人外，非時更不度人』……詔可。」見《續長編》卷 102，頁 19 下。

㉟ 見全漢昇，<唐宋政府歲入與貨幣經濟的關係>，《中央研究院集刋》第二十集，頁 210。

㊱ 1004 至 1008 年間，鹽的稅收是每年三百五十五萬貫；1045 至 46 年間，它增爲七百十五萬貫 。1008 至 1017 年間， 茶的稅收是每年五百萬貫；而 1034 至 35 年間，它跌到五十九萬貫。見前引書頁209，頁 212。

第二章　李覯傳

李覯生於 1009 年。他出生前一年，他媽媽做了一個夢，夢見兩個道士在下棋。她在旁邊看他們下，忽然其中一個道士給了她一個棋子❶，於是她就懷孕了。第二年她生了李覯❷。這一個分娩是有預感的。

李覯是南城縣人❸。南城在宋朝隸屬於建昌軍❹。它座落在今天的江西省東部，在長江以南約二百公里❺。宋時，南城土地肥沃，可以種植許多種不同的農作物，譬如稻、桑、麻等。同時，那裏很少有水旱災或蟲害。因爲有足夠吃的穿的，當地的居民幾乎不必爲如何謀生而發愁❻。

可是，李覯的一生幾乎總是在窮苦邊緣掙扎。到底是什麼原因促使這反常現象存在呢？

據李覯自稱，他的祖先曾在朝廷裏做過官❼。可是在他出生前這幾十年裏，他的祖父和父親都未能繼承這一個做官的傳統❽。他們都依農爲生。李覯的父親曾讀過一點書，可是沒趕過考❾。他鼓勵他的兒子讀書，並教他作詩寫賦❿。李覯看了他父親所擁有的書以後，對於漢朝如何測驗應考人學識的方法有了一點概念，其次，大約是十歲剛出頭⓫，他陪他父親到田裏去作活，恰巧獲得靈感，影響了他的一生。原來他在田裏打了一個盹，夢見一人把一部《王狀元文集》遞給他。從此以後，他發覺他自己很喜歡念書了⑫。可是，李覯的父親主要還是個農夫，因此李覯常常自稱是「草野之人」⑬。這一點可以幫助我們了解爲什麼李覯一生裏總是同情農民。

就李覯的終生興趣說，他是比較像他遠祖的。他喜歡讀書。像其他孩子一樣，他在六、七歲時就學習音韻和小學⑭。1018年，他剛滿十歲，對聲韻學已經有點把握⑮。兩年後，他開始寫文章⑯，進步神速⑰。

從很早開始，李覯便沉緬在古代的經典著作裏⑱。他對儒家的學說尤其喜愛⑲。他早晨很早起身，起身以後就朗誦孔子及孟子的敎誨⑳。漸漸地，他的閱讀範圍擴充到其他儒家著作，像《周禮》、《禮記》，及《呂氏春秋》㉑。他的廣泛閱讀奠定了他以後的事業基礎㉒。他甚至也流覽兵家的書，諸如孫武及吳起的兵法㉓。

李覯不僅讀書興趣廣泛，他對各種問題的研究有時也很有深度。他對古代著書立說人的動機很好奇，很希望能發掘他們在寫作時的眞正心態㉔。他對儒家的主要德綱（如仁和義）以及主要制度（如禮和樂）的起源尤其有興趣㉕。他這樣用心探究的目的在於超越前人——要把宋以前各朝學者所沒有弄懂的弄懂，所沒有付諸實行的原因搞清楚㉖。

李覯的用功苦讀是有收穫的。他在書堆裏找到了他仰慕的對象。他因此很希望能在宋朝找到一些當時的賢人（那些人的行爲操守足以跟往昔聖哲相比）供他模倣效法㉗。他也發現宋以前各朝的學者對於古代經典的了解有錯誤和欠缺的地方㉘。

可是理智上的滿足並不是李覯苦讀的終極目標。像許多接受儒家學說的讀書人一樣，李覯希望自己能夠與衆不同[29]。大體上，李覯可說一直被兩種抱負拉着走。一方面，他急切地盼望自己能跳上政壇一展鴻圖。1031 年，他二十三歲時，他對能使國家富庶、百姓安樂的各種主意很感興趣[30]。他之所以讀孫吳兵法，也正是爲了有朝一日會擔任政府公職[31]。六年後，他仍然期待自己能把宋朝的皇帝扶掖成爲當代的帝堯，這樣宋朝的百姓便可以像羲皇時代的百姓一樣，天天過着自由自在的生活[32]。

另一方面，他常常說他只求自己能在學術上高人一等——他並不期待自己會獲得一官半職。因此，當他在 1036 年寫完《明堂定制圖序》，追溯了明堂[33]當初的設計以及後世的演變以後，他希望自己的名字會因這一篇文章而流傳下來[34]。四年以後，他決定把他全部精力貫注到三代的道的研究上，一定要把這道熟悉到可以玩弄在股掌之上[35]。他不求政府賞識，只求過隱居生活[36]。藉着把自己與衆人隔離，他希望能集中意志來完成一樁偉業——把聖人的道傳播開來，同時實行王道的原則[37]。1043 年，他再度重申不求官職的決心[38]。兩年後，他指出以文章傳世是他的目的[39]。

他到底爲什麼要變來變去，有時候甚至於到達自我矛盾的地步？我的判斷是：李覯之所以會變來變去，主要是因爲他的政治期待落了空，以致於心理受到重大打擊。雖然當時有許多合法的仕進路子，他年青時卻一直撈不到一官半職[40]。他的政治期待的升降，直接影響了他的情緒。

在正常情況下，像李覯那樣有政治野心的學生，會循序參加府、部、及殿試，來實現他們能成爲一名文官的夢。他們有幾個專業範圍可選——進士、明法、三史、三禮，或九經[41]，這幾科裏，又以進士最為吃香[42]。

對於那些特別有天份的學生，宋朝又有特別的制舉考試。這種考試不定期舉行[43]，同時很不容易通過[44]。可是，能通過制舉的人，名望會比中進士的人高。其次，他們通常升遷得比較快[45]。

李覯對於進士和諸科的考試一點沒有興趣。他對於考進士尤其討厭。他總覺得中進士的人，就憑他那一套舞文弄墨、撰詞作詩的本領，一定無法演變成幹練的官員[46]。他的理想是參加並通過制舉考試，然後因此登上政壇，最後在政治上實現他匡助國人的宏願[47]。

1029 年代，宋朝政府對於制舉考試有下列各種規定。像李覯那樣的平民，他必須由他所住地的路轉運使[48]，或一位在朝的資深官員推薦[49]。如果這兩項都不行，他可以自己申請[50]。可是無論是走第一或第三條路[51]，當事人必須向他所居地的知州知府繳呈他自作的五十首策論，供他覽評。如果知府認為滿意，他會把這些策論轉呈給他所從屬的路轉運使，然後再由轉運使轉呈禮部[52]。禮部的判官會審核這些策論[53]以便決定誰能參加閣試以及天子親策。

由於李覯的父親及祖父並不曾涉足政壇，他們家實在不認識什麼達官貴人。要李覯找官員來推薦，眞是難上加難。有時候，他連跟人家見面，也會被人家誤會，甚至受到奚落[54]。因此他從很早開始（可能是在廿歲左右）就為自己想出一套進攻政壇的戰略——他必須選擇重要的題目，並盡可能地寫各種策論，希望能由策論來引起別人注意，並因而獲得他們的推薦，以優秀學者的資格去參加制舉考試。

因此，在他一生中，李覯寫了幾百篇文章，而且在 1041

年以前，他會毫不猶豫地把他的文章拿給別人看[55]。李覯最早尋找保薦人的行動，見於 1030 年，他剛和第一任妻子結婚那年[56]。那時候他已經累積了九十五篇文章[57]。他把這些文章拿給余靖[58]看。余靖那時剛被朝廷任命爲新建縣（位於南城西北約一百二十公里）的知縣[59]。李覯希望余靖能夠賞識他的潛能，並且在閱讀他的文章之後把他推薦給朝廷[60]。可是余靖並沒有如他的願[61]。

此後五年內，李覯似乎只曾再嘗試找人推薦過一次[62]，而把大部份時間花在寫作上[63]。他於 1035 年寫了一封自我介紹信給蘇紳，並親自跑到蘇的任所去投遞[64]。蘇最先是考取進士的，而且已經做到太常博士。1034 年 6 月，他參加賢良方正制舉考試，又通過了，於是以祠部員外郎官銜分派到洪州去擔任通判[65]。李覯在他致蘇的信裏附了五篇以前寫好的文章，以及兩系列新寫的短文[66]，希望蘇在讀過他的信及文章以後能推薦他[67]。可是，這封信投遞以後就沒有下文了。

從 1036 年起，至 1042 年止，李覯曾兩度到京師去試着進入政壇：第一次是在 1036 年下半年，第二次是在 1041 年最後幾個月及 1042 年頭七個月。

李覯之所以選擇在 1036 年到開封去，主要是因爲他期待那年秋天宋政府會在京城舉行一次貢舉考試[68]。他帶了一些見面禮到都城裏去拜訪四位政府官員：聶冠卿（988-1042）、宋庠（996-1066）、李淑（1059 去世），以及葉淸臣（1024 中進士）[69]。

跟余靖（即李覯在六年前拜訪的那位知縣）相比，這四位官員的官階和資歷顯然高多了。宋和葉在 1024 年同中進士[70]。到

1036 年，宋已經是中書的一名知制誥，同時是史館的校理[71]。而葉是一位府的通判，同時是集賢館的校理[72]。聶的資格比他們更老。當李覯去拜訪他時，他正擔任度支判官，同時是工部郎中，集賢校理，同修起居注[73]。李淑在四人中可能年紀最輕，可是他的政治生涯開始得很早。他十二歲時就被賜童子出身[74]。從 1030 年起，他的仕途便很順利。這可能與他父親(李若谷)的影響力有點關係(李父在 1038 年 3 月到達他的政治權力頂峯，成爲中書門下參知政事[75])。1034 年，李淑被政府委任爲權同知貢舉[76]。李覯訪問他時，他是個知制誥[77]。

李覯之所以選中這四名官員作爲他拜訪的對象，一來固然是因爲他們官階比較高，二來恐怕是因爲他們在考試或寫文章時有特殊的表現。聶的寫作才華很早就被楊億 (974-1020) 注意到，而楊億本人是西崑體[78] 的領袖[79]。宋是 1024 年那次進士榜上的第一名[80]。葉是宋朝開國以來第一位以策論優異通過殿試的人(別人是以能作詩賦詞見長)[81]。李淑早在十二歲時便有文名[82]。

李覯給他們四人各寫了一封信，並附上幾篇他自己的作品[83]。他的信有一種特別的體裁，全信共分四部份：簡短的自我介紹，包括他的家庭背景、經濟狀況、個人興趣以及抱負；對當時考試制度的批評；對受信人的讚譽；以及對受信人的期待 —— 希望他們能洞識他的長處並推薦他[84]。

我們無法在《李覯集》裏找到資料來回答我們的問題：除掉葉以外[85]，李覯究竟有沒有碰到其他三位官員？但有一件事是很明顯的 —— 這四位官員並沒有替李覯做任何有用的事。至於他們到底爲什麼那樣做，我還無法確定[86]。

李覯第二次到京師去嘗試着爭取一官半職是在 1041 年。那一年，他被建昌軍的知郡推薦到京城去參加制舉考試[87]。李之所以有這份榮譽，恐怕與他和知郡的熟稔有關。1041 年年初，愼鈇[88]到建昌軍擔任知郡的職使。他剛上任不久，李覯和其他幾名學生寫了封歡迎信給他[89]。李在信裏提到希望愼鈇能接見他，並容他申述自己的一些意見[90]。由於《李覯集》裏沒有這方面的資料，我無法確定李覯是否如願以償。不過，從後來種種事情的發展看來，李覯的願望很可能是實現了。1041 年夏天，愼鈇要在他的辦公衙門前面造一個亭。這一個亭一方面要能供他與他僚屬聚會，另一方面也要能用來招待郡的客人[91]。亭子造好以後，愼鈇請李覯寫一篇文章紀念它[92]，而李覯也不負所望，寫了一篇文情並茂的短文[93]。

我不敢確定到底李的那篇短文是否很討愼鈇的歡心。我也不知道是否還有其他什麼因素拉攏了愼和李。事實是，嚐過了十年被鄰居及地方官吏冷落的滋味以後[94]，李覯終於被他所屬的軍的行政長官推薦到京城裏去應制舉考試。1041 年年尾，李覯再度離家前往開封[95]。

這一次他在智力上的準備比上一次要紮實得多。除去 1036 年以前撰寫的策論以外，他在出發前已經完成了三系列的文章——《廣潛書》、《易論》及《富國、強兵、安民策》，總計五十八篇[96]。

可是，在參加考試以前，李覯又拜訪了幾位官員，也許主要是爲了應酬[97]。他到王堯臣（1001-1056）、富弼（1004-1083）、劉沆[98]（1030 年中進士），以及吳育[99]（1004-1058）的官邸去晉見他們[100]。

論他們的官階和政治經歷，這四位官員跟李覯在五年前拜訪過的那四位不相伯仲。王堯臣是這四人中資格最老的一位。他是翰林學士兼龍圖閣學士[101]。富弼是中書的一名知制誥。劉沆是右正言，又是知制誥。吳育是位中書舍人。

論他們的考試成績，那麼這四人都是頂呱呱的。王和吳都得過狀元[102]。劉初舉進士不中，再試得進士第二。吳和富的出身尤其使李振奮。他們兩人都參加過制舉考試而且都順利通過[103]。吳參加制舉考試時已經是官場中人[104]，而富和李一樣，是一介平民[105]。

李寫信給所有這四位官員。像他在 1036 年所寫的信一樣，李在信裏提到了他的家庭背景、個人的興趣、他對受信人的仰慕，以及對他們的期待。這一次所發的信，在形式上與五年前的信相像，可是在內容上有重要的差異。第一、李覯不再直言無諱地批評當時的考試制度。他只提到有才能的人對國家的價值[106]以及甄拔官員時必須公正[107]。第二、除去吳育之外[108]，李覯並沒有要受信人推薦。他只希望他們能延見他，容他在見面時傾訴自己的抱負[109]。第三、他並沒有急急地把自己新寫的文章送給他們看。他甚至連舊的文章也沒附去。他送給吳及王五十篇他以前寫好的策論，他在寫給王的信裏提了一下他的《明堂定制圖序》以及《平土書》。他很謙虛地說，他不好意思拿給王過目[110]。他在給劉及富的信中似乎並沒有附任何東西。

《李覯集》裏沒有提到這四位官員在接到李的信以後有什麼反應。他們很可能沒替李做任何事。李是否能實現他長久以來孕育的理想，完全得看他在制舉考試裏連續舉行的三場檢定：他的文章如何被禮部審查策論的判官評等（如果這一關順利通過），他在資格審查試及殿試時的表現。

由於他的策論文理俱優，李覯被禮部評爲所有赴考人中最優秀的[111]。他現在就等着奉詔到祕閣去參加資格審查試了。

從 1030 年起，宋朝政府在舉行制舉考試的資格審查時有一定的格式。它會給赴考人六道問題，其中三道與經典有關，而另三道與正史有關[112]。平常要讀通這些經典與正史已經是一件很艱巨的任務了，宋朝政府卻不肯止於此。它規定應考人要熟讀經典的注和疏[113]。最艱難的是，考試的官員會把試題從它的上下文中抽離出來[114]，然後要應考人說出試題的來龍去脈[115]。只有那些能在六題中圓滿地回答出四題來的人才可望參加殿試[116]。

1042 年的制舉資格審查考試（也是李覯親自參加的那個）是在農曆七月十一日舉行的[117]。中央指派了三名官員做審查員：翰林學士吳育（他正是李覯在幾個月前請求見面把談而沒有回音的那位官員）、權御史中丞賈昌朝（998-1065），以及直集賢院張方平（1007-1091）。

這三位審查員遵循往例，從經典及正史裏找出下列六個問題來問赴考人：

一、左氏[118]崇君父[119]。

二、孝何以在德上下[120]？

三、王吉[121]貢禹[122]得失孰優[123]？

四、經正則庶民興[124]。

五、有常德以立武事[125]。

六、序卦雜卦何以始終不同[126]？

雖然李覯把他一生中絕大多數的時間消磨在讀經讀史上面，他並未把注意力集中在書的每一個細節上。事實上，他讀書都是從大處着眼[127]。因此，當他看到試題時，他感到束手無策。這些問題超出他的能力範圍之外，他失敗了[128]。

這一次挫折對李覯後半生來說是有決定性作用的。他下定決心不再參加任何考試[129]。這一個決斷至少有兩項後果，它意味着李覯必須在政壇以外尋找使自己留芳百世的途徑。李的第二種抱負——藉着學術上的成就使自己名傳後世（這抱負最早見於1036年，再見於 1040 年）——於是再一次顯現。這決斷又表示李覯必須放棄靠政府俸祿來餬口的念頭。他得尋找其他維持生活的方法。

李覯一向拙於解決經濟問題。事實上，他並沒有準備好挑起生活擔子來。他小時候有父親養家。1022 年，李覯十四歲時，父親去世，並沒有留下什麼家產。他們全家住在山區裏面，離開最近的大城（即南城）也有好幾十公里路。他們只有三畝左右平地，其他的地都在山上，而且很乾[130]。李覯或他的媽媽都不可能親自耕種。不過李覯的媽媽很能幹。她找到幾個幫手在撒種以前先用火燒野草，然後用犂把土弄鬆，等收成時則把農產品與幫手平分[131]。入晚以後她又做做針線來賺取一點外快。正由於他母親如此支持和犧牲，李覯才可能集中意志來讀書，又娶了妻子，生了孩子[132]。他甚至還可以雇一個男僮侍候他[133]。

可是李家的整個經濟環境一直相當寒酸。他的第一位妻子姓陳，於1030 年嫁給李覯；她始終只過一個簡單的生活。她平常沒錢買新衣裳，有時候甚至還得變賣一些嫁粧才能打發家用[134]。整個家庭常常沒有很多餘糧，也沒有足夠的絲麻可做一套衣服[135]。李覯的唯一動產是一些書和一張琴[136]。

李覯這次到京城去，雖然沒有考取制舉，卻也並不是毫無收穫。他至少在一些人心目中留下了良好的印象[137]。其中有一位甚至和他一生都做朋友。這個人叫祖無擇。1042 年正月尾，李覯正在睡午覺時，祖突然不請自到。那時李覯剛好拜訪完那四位官員而他們毫無反應，可是自己卻仍然勤奮地在準備參加將在祕閣舉行的資格審查考試[138]。他手頭非常緊，而且有積鬱在心。幾月前，他剛到開封不久，就因為經濟拮据把坐馬賣了。他租了一個很簡陋的房子，煮些次等米過活；他的健康情形並不好，而他的衣着和儀態，由於是從鄉間培養出來的，常常遭引到官府門房的嘲笑。這些白天的遭遇和挫折影響到他晚上的睡眠，他三番幾次地想打道回府，放棄不幹了，可是他又想起，他這些年來之所以能夠念書，完全是得力於他母親的犧牲。「我不能讓我母親失望」的念頭終於引導他下定決心留在京城等候考試[139]。

祖的際遇正好和李相反。他正值要在政壇上飛黃騰達的前夕。三年前，他考取了進士。由於成績優異[140]，他立刻被派往齊州做通判[141]。在齊州才做了一年多事，他被選到史館任職[142]。1402 年初，他又在等待新的外放任命。因此，他自動去拜訪李覯，實在很使李感動。他們兩人交談以後，又發覺彼此情投意合。他們天南地北地扯，從古聖人談起，直談到他們自己的抱負，這就奠定了他們之間的友誼[143]。之後李常去拜訪祖，直到後者奉命到南康府去任職必須離京為止[144]。那時李還在等着參加資格審查考試。

李覯既未能通過祕閣的考試，只有掉頭回家。可是禍不單行，他好幾次面臨大難。他在回南城路上，先到南康去拜訪新交到的朋友。祖對他百般款待，讓他放懷吃嫩橘和鮮魚[145]。可是，當他渡彭蠡湖[146]時，天氣突然變壞了。湖上起了大風暴，他所乘的那條船失掉了控制。篙夫捲起了袖子，淚流滿面，而所有乘客也緊閉眼睛，不敢東張西望。李覯也給嚇呆了；他坐在床鋪旁邊，口中哼着小調，心想自己這回準給淹死了。他只遺憾他一生沒能報答他母親於萬一。所幸這一陣風暴肆虐並不太長，李覯終於平安回家[147]。

建昌軍的知郡聽說李覯已回來，馬上去看他。知郡對教育很熱心，他邀請李覯出來擔任教職[148]，李覯欣然同意。上班以後，李很忠於職守；他清晨就起身，很晚才歇；他對待學生如同對待自己兄弟和兒子一般[149]。

可是，1043 年的冬天，李和他的家人突然感染上瘟疫。起先李自己的情況也很危險，緊接着他媽媽倒了下來，而且失去了知覺。他們全家都擔心這老人家會從此不起。他們找了醫生，甚至求助於巫婆。一天過去了，她老人家總算醒了過來；又過了幾天，她的味覺、視覺和聽覺才恢復正常[150]。

她老人家還沒完全康復，李覯就被捲入一樁官司。他們家鄉有一個名叫鄒子房的，從御藥院裏搞來一份文書，而鄒就憑着那文書到處說他已被朝廷指定作太廟齋郎[151]。很奇怪，鄒從開封回南城時所路經的各州各府長官，居然都給他唬住了，一路都招待他。即使是江南西路的轉運使也忘了檢驗吏部發給鄒的證書[152]，他居然還對鄒大表器重，並授權他去開一個銀銅礦。藉着這一份授權書，鄒於是與各地官吏正式書信往還，並且還召募工人工作。

李覯和其他認識鄒的人從開始就對這事起疑心。他們不相信鄒眞會如他在 1042 年給家人信中所說那樣，曾被朝廷封冊爲官吏。爲了知道事實眞相，他們就盤問從京師到南城去的人，而所有被問過的人都沒聽說過鄒的任命。鄒沒有吏部的委任狀，只有一張御藥院由太監們簽發的文件，這終於使李覯及其他鄉人確定鄒是在設騙局。李寫了一封信給知諫院蔡襄（1012-1067）[153]，把他所知道的實情都說了出米[154]。蔡回信說他會依照法律辦鄒，可是他必須先搜集證據，而最好的辦法是秘密地調查鄒[155]。

朝廷最後對鄒採取了行動，而鄒於是反咬李覯一口。一時裏朝廷也無法辨別誰對誰錯，於是就把李也送到牢裏待審。等李被釋放時，他已在牢裏被關了二十天[156]。

這一段牢獄之災時間很短，但是對李產生了很大的衝擊。他辭掉了教職，待在家裏不外出[157]，同時他改變了謀生方法——他種田去了[158]。

以後這幾年裏充滿了使李不好受的日子。1047 年，他的第一位妻子去世了[159]，第二年，他的六歲小女兒也死了[160]。三年後，他的母親過世，享年六十九歲[161]。從 1052 年開始，他自已的健康也惡化起來[162]。

李覯從 1043 年起生活上的走下坡，也包括了他的學術生命——他所寫的《慶曆民言》恐怕是唯一的例外。從 1044 年開始，他的學術性作品減少了。雖然他偶而也還寫這一類的文章，他的作品的質卻並不出色。1046年，他收集了一百篇以上的雜著[163]；第二年，他寫了《刪定易圖序論》，詳細地批駁劉牧[164]的五十五首《易圖》[165]。五年後他又寫了一大堆文章，總數超過一百篇[166]。1053年，他對一些歷史事實發表感想和評論。他爲這些評論取《常語》的名字[167]。

有一件事與李覯的少寫學術性文章同時存在，而且很可能是導致李覯少寫這類文章的原因之一。從 1043 年起，他應他朋友的託付，寫了許多應酬性的短文。這與他以往作風不同，而且很可能消耗他許多時間。從 1030 年起，到1043年止，他應別人的邀請寫了一篇序、三篇記，及一篇墓表。可是在 1043 年到 1059 年間，他寫了三篇序、十六篇記、十九篇墓表和墓誌銘，以及兩篇銘。

當然，1043 年以後，李覯的生活也並不是一片漆黑，毫無可取。有一件事多少使他感到安慰，而且可說是部份地實現了他一生所追求的目標。1045 年[168]，余靖（李覯在十五年前拜訪過並曾請他提拔的那位知縣）向朝廷建議召李覯去參加一項特別考試，以便李覯能爲政府所用[169]。可是仁宗皇帝不買他的賬，不接受他的建議。1049 年，另外一位在朝高官范仲淹（李覯曾與范通信並來往多年）向朝廷推薦李覯[170]。爲了能使朝廷信服李覯的確精通典故又能文善詩，范把李歷年來送給他的文章也附在推薦狀裏[171]，可是朝廷仍然置之不理。

就在這時候，李覯的命運忽然有了轉機。1050 年初，另外一位在朝高官宋庠（正是李覯十多年前拜訪過的那位）忽然指出下一個祭天禮正好輪到在多至日舉行。事有湊巧，那個多至恰恰是那一個月的最後一天。依照太祖在位時所樹立的一個先例，祭天禮就應該換地方換時間舉行，這樣兩者之間就不會有衝突。宋於是建議祭天禮在秋天最後一個月舉行，並且在明堂裏行禮[172]，仁宗接受了這個建議。可是，在明堂裏舉行儀式時，到底應該遵循那些規矩，大家就議論紛紛，沒有結論。於是仁宗命令他的一些宰臣們找出一個最恰當的辦法來。有一位官員，文彥博，建議政府仔仔細細地探討整個儀式[173]。於是各種意見都抖了出來，各方面討論拖延了幾個月之久[174]。

當范仲淹知道朝裏爲儀式事爭論不休時，他又向朝廷寫一封推薦書。他在書裏指出李曾爲明堂這題目寫過文章，而這篇文章，因爲是綜合了三家學說，似乎可以採用；他把李覯的《明堂定制圖序》附在推薦書裏，供朝廷參考。他並且建議朝廷重新審閱他以前推薦李覯的狀子，能賜給李覯一些名號，以便達到鼓勵學者的目的[175]。

這一次推薦總算成功了。中央很快就賜給李覯一個官階，而且不要求他參加任何考試。李覯變成一個九品官，而他的頭銜是將仕郎試太學助教[176]。這是一個地位很低的榮譽性頭銜，並不帶任何實際職務。李覯完全明瞭這一個頭銜的份量，可是它至少改變了李覯的賦稅地位。他現在已經跳出「有繳稅義務的子民」的範疇，而這對他的日常生活是有幫助的[177]。

李覯很可能在 1050 年以後再一次提起私人講學的教鞭[178]。這有兩層意義；教學使他能獨立生活，又能幫助他建立善於教學的聲譽。據說有大批學生蜂擁到他的學堂去聽課[179]，而這終於導致他於 1057 年被中央任爲太學的說書[180]。推薦李覯出任太學說書是由國子監出面的，中央接受了這一推薦，並且撥給李覯五拾貫文錢作爲進京就職的盤費[181]。李到職以後，忠於公務。第二年，國子監的祭酒和司業推薦他出任博士，李於是被升爲一個八品官階的通州海門縣主簿[182]。1059 年正月，已任職兩年的國子監主持人胡瑗[183]因爲生病請求辭職[184]，於是李覯暫時代他的職務[185]。

我們不難想像，如果李覯能夠長時間擔任那個職位，憑他的學識和幹勁，一定會對學生產生巨大影響。不幸他只在任上做了很短一個時期。1059 年夏天[186]，他請假回家，打算把他祖母的墓遷到祖墳園去。中央給他實假一個月，來回旅途就擱除外[187]。可是他再也沒回過京城。他回家後一個半月，竟長眠不起，魂歸道山了[188]。

*　*　*　*　*

基本上，李覯是一位壯志未酬的學者。他早年接受了儒家的價值觀，可是卻成了當時考試制度下的犧牲品。他有政治抱負，希望能跳上政壇施展一下，以便增進廣大老百姓的福利，同時恢復王道政體。然而他對當時的考試制度很不滿意，甚至有點敵對。不幸這種考試正是有政治野心者要實現自己抱負的必經之路。當他最後不得不向現有制度低頭而參加考試時，他卻很不順利——既沒考上他素來不屑參加的進士試，也沒通過他夢寐以求的制舉考試。於是他只有另找使他自己成名的路[189]；他轉向學術工作。如果說他在世時曾對他當時所處的社會有貢獻，那麼這些貢獻主要在他的寫作上。

附　註

❶ 這裏的「子」是一個雙關語。「棋子」的子與「兒子」的子是同個字。

❷ 見《李覯集》，頁 494。這裏還有一點要補充的是：他媽媽婚後生了兩個兒子，可是都沒有保住，直到夢見道士下棋以後懷了李覯，才算保住了。其次，這一個故事也許可以說明，爲何以後李覯對道士總比較好感。

❸ 「覯，南城小草民也。」見前引書，頁 296。

❹ 「覯，建昌南城人也。」見前引書，頁 293。

❺ 「里」是中國量距離的一個單位，約等於三分之一英里。宋朝的里比現代的里稍長。

❻ 「吾邑絕大江數百里……土地衍沃……故其人足衣食……」，見前引書，頁 355。

❼ 「竊念覯郡之衣冠家也。」見前引書頁 283。另外他提到「臣生長荒陬，世家寒士」，可能也隱隱指到他的先世有做官的人。見前引書，頁 274。在一本廿世紀初印行的《李覯集》裏，載著許多十七世紀裏政府官員與李覯族人所寫的「原敍」和「原序」，裏面提到李覯是南唐國（937-975）李氏皇室的後裔。見《李泰伯先生全集》頁 9，頁 16，頁 18。中華書局所印的《李覯集》也轉載了這些資料。「李泰伯先生，舊屬南唐之裔」，見《李覯集》，頁 524；「公固南唐之胤也」，見前引書，頁525；「先生故南唐宗室」，見前引書，頁533 。我無法證明或否定這一樁族譜公案。對我來說，人的祖先做什麼並不太要緊，要緊的是上面兩三代在做什麼。

❽ 「數十年來，祿稟中絕。」前引書，頁 283。

❾ 「先君嘗學，不應舉」，見前引書，頁 359-360，頁 494。

❿ 「敎其子作詩賦」，見前引書。

⓫ 「覯……始數歲，竊習其家書，見晁、董、公孫之對問決科，皆所以發天人之秘，而彌縫國家之務」，見前引書，頁 287。

⓬ 「及覯生十餘歲，從先父適田間，宿東郊。旣寐，有人以書與覯，

方制如牘，表用黃，其目曰:《王狀元文集》，夢中以爲沂公之文也。就學以來，果不甚魯……」，見前引書，頁 4。

⓭ 見前引書，頁 285。「覯……世宅田野。」見前引書，頁 283。

⓮「覯……六七歲時，調聲韻，習字書……」，見前引書，頁 297。

⓯「覯十歲知聲律」，見前引書，頁 296。

⓰「十二近文章」，見前引書。

⓱「齠齔喜事，以進士自業。摘花蕊，寫雲煙，爲世俗辭語，頗甚可取」，見前引書，頁 293。

⓲「覯……生而嗜學，誦古書，爲古文，不敢稍逗撓」;「覯……所務唯學，所好唯經」，見前引書，頁 289 及頁 278。

⓳「周公之作、孔子之述，嘗用功焉」，見前引書，頁 278。

⓴「雞鳴而起，誦孔子、孟軻群聖人之言」，見前引書，頁 296。

㉑「覯謂《周禮》、《大戴禮》、《呂氏春秋》皆聖人賢人之所作述……」，見前引書，頁 298。

㉒ 以後他寫了《禮論》七篇及《周禮致太平論》五十一篇。見前引書，頁 5-26，頁 67-121。

㉓「餘力讀孫吳書，學耕戰法」，見前引書，頁 296。孫和吳都是周朝的著名將領。孫武在公元前 506 年左右活動最爲頻繁。吳起卒於公元前 378 年。

㉔「覯……讀書屬文，務到聖處，其言周公之作、孔子之述，蓋多得其根本」，見前引書，頁 283。「覯……爲學必欲見根本，爲文必欲先義理」，見前引書，頁 288。「覯……開卷執筆，輒欲闚見古作者之狀貌……」，見前引書，頁 291。

㉕「覯……尋英取華，所嚮皆得，至於仁義之淵，禮樂之源。」見前引書，頁 284。

㉖「覯……於當時之文，誠未有以過人者，至若周公之作，孔子之述，先儒之所未達，歷代之所不行者，嘗用功焉!」見前引書，頁 278。

㉗「覯……讀古人之書，竊慕其所爲而不可得見，將求今人之似古者而宗之……」，見前引書，頁 280。

㉘「漢以來諸儒曲見蕪說，頗或擊去……」，見前引書，頁 283。「顧嘗吞吐堯舜，揭厲商周，先代諸儒，或有慚德。」見前引書，頁284。

㉙ 「覯……心志耿耿，不忍自溺於流俗……」，見前引書，頁 288。「覯……自總髮讀書，羞以耿耿之心爲流俗所昏醉。」見前引書，頁290。

㉚ 「覯……生年二十三……纂成文章，以康國濟民爲意」，見前引書頁 296。

㉛ 「……讀孫吳書……以備朝廷犬馬驅指。」同前。

㉜ 「覯……生二十有九年矣。……將以堯吾君、羲吾民。」見前引書頁 293。1041 年年底，他希望自己能在次年參加聲譽卓著的制舉考試。詳見下注⑫至⑱。

㉝ 明堂是一個舉行重要政治活動的建築物。詳見下注⑫至⑮。

㉞ 「臣身雖賤微，亦願此時稍裨萬一，自託不朽。」見前引書，頁129。

㉟ 「覯……今玆行年三十餘……方將削迹塵路……未明者明之，未備者備之，使三代之道，珠連玉積，盡在掌上，所大願也……」，見前引書，頁 283。

㊱ 「若夫毀譽用舍，計之已熟。譽邪，惟天下自譽之，覯不求譽也。用邪，惟天下自用之，覯不求用也。」同前。

㊲ 「覯……（之）志將以昭聖人之法，拯王道之綱，製爲圖書，以備施用。」見前引書，頁 278。這些圖書可想見的是學術性的作品。

㊳ 「慶曆中，應科目罷歸，廼自念親老矣而數棄去……抑又窮空無以備甘脆，非人子所宜，因決不求仕進……」，見前引書，頁 359。

㊴ 「適時匪我長，不朽乃所擬。」見前引書，頁 387。

㊵ 宋朝人要踏入仕途，可通過考試，通過調職，以及通過蔭庇。見柯睿格《文官制度》，頁58。在這三條路中間，李覯想從第一條進入政壇，可是他對進士考試又鄙夷而不想去試。詳見本書，頁 20。

㊶ 柯睿格《文官制度》，頁 61。

㊷ 同前書，頁 63-64。

㊸ 宋朝於 964 年初次恢復制舉考試。1005 年，制舉分六科取考。可是，三年後，這六科都給取消了。一直到 1029 年，中央才又舉行制舉考試。宋朝定期舉行制舉，是 1046 年以後的事。見聶崇岐《宋代制舉考略》。（此文收於聶崇岐《宋史叢考》，頁 171-203。）

㊹ 據聶崇岐教授統計，整個北宋期間，中央只舉行過廿二次制舉考

試，總共只有四十一人通過。見前引書。這數目和中進士的人數簡直不成比例。整個北宋期間，約有兩萬兩千人中進士。見王德毅，《宋代賢良方正科考》十四，頁 336。

㊺ 據王德毅教授統計，九名通過制舉考試的人，後來都當過宰執；另有六名成爲翰林學士。見前引書。

㊻ 「覯……歷觀場屋得雋者，誠皆聲病靡靡之文而已。」見《李覯集》頁 287。「……古道不逞，辭科浸長，不由經濟，一出聲病。源而海之，以至今日……。」同前引書，頁 292。

㊼ 很明顯地，李覯自視很高。如果他踏實一點，他應該會警覺到，參加制舉是有許多困難的，而以一個平民身分去參加制舉，通過的機會又非常之少。

㊽ 我在此假定各路的轉運使會接受他屬下各知府知州的推薦，像李覯的情況一樣。據王德毅教授研究，各州縣應茂材異等科的人，必須先送五十首策論給本州州官看詳。如果他的確詞理優長，再上呈轉運使覆實。見王德毅，前引文，頁 319；《宋會要》選舉第十，頁 16。

㊾ 「……許……逐處長吏奏舉……」，同前。

㊿ 「或自於本貫投狀，乞應上件科目」，同前。

51 這是我自加的，因爲我在《宋會要》裏沒找到有關第二條路的詳細資料。

52 見《宋會要》前引文第十，頁 16,頁 17。

53 「……以文卷送尙書禮部，委判官看詳，選擇詞理優長者，具名奏聞，當降朝旨赴闕，差官試論……」，見《宋會要》選舉第十,頁 17。

54 「覯……家貧親老，弗獲祿仕。或怒其介，或笑其迂，左排右擠，溝壑是虞」。見《李覯集》，頁 291。不過也有少數幾位仁人君子對他很器重。這給他很大的安慰。「雖州郡齟齬，莫肯聞薦，而縉紳先生當名路者多賜賞激，謂非凡人……。」見前引書，頁 284。

55 1041 年年底，李覯第二次進京時，曾特地去拜訪四位官員。可是他不曾把他的重要著作送給他們看。詳情見本書，頁 24。

56 「是年娶夫人陳氏。」見前引書，頁 495。

57 不幸這九十五篇文章並沒留傳下來。

58 「謹獻舊稿一策，凡九十五首。」見前引書，頁 296。

(59) 據《續長編》記載，余靖於 1030 年6月被派往海陽縣作知縣。見《續長篇》卷 109，頁 7。這一項任命後來一定被更改過，因爲海陽縣座落在今廣東省。《宋史》裏的<余靖傳>說余靖被分發到新建縣。見《宋史》卷 320，頁 10。這一記載與李覯的身世較脗合。

(60) 「夫驅馬而賣之者，爲市民所貴賤，未足以爲駑良；迥伯樂而弗一顧，則雖日馳千里，皆驢材也。伏惟少留念焉！」見《李覯集》，頁296-97。

(61) 余靖當時雖不曾推薦李覯，卻也沒有棄他不顧。他們兩人可眞的成了朋友。十六年後，余靖向朝廷推薦了李覯，可是中央沒理會他。見前引書，頁 470-71，頁 502。

(62) 他在 1031 年寫給孫知縣的信似乎並未明顯要求推薦。「今者進不敢祈執事尺書之薦，退不敢受里閭啓齒之囑，以希幸於左右……公論未策，思得自陳，以增盛德之分寸。」見前引書，頁 296。

(63) 當他於 1036 年進京時，他已寫完《潛書》、《禮論》、《明堂定制圖序》以及《野記》。

(64) 「今者竊嚮執事風采，不辭道路暑濕之勤，夙夜奔走，求通於門下。」見前引書，頁 298。

(65) 見《續長編》卷 114，頁 18。洪州卽今之江西南昌，宋時屬江南西路。由於蘇剛考取制擧，因此李覯對他非常好感。「伏維執事以佐王之才，應期而出，第進士爲能官，中賢良受清秩，治道二十五策、霆轟風飛，震伏天下，非眞有道者，安能卓犖如此？」見《李覯集》，頁 297。

(66) 卽《禮論》及《潛書》，見前引書，頁 298。

(67) 「……夷高翦蕪，爲後進開路，誠有望於執事也」；「仰惟執事思古人相因相取之道，而念其所以來之意，羽凡骨爲飛仙，起涸魚爲雲龍……」。見前引書，頁 297，頁 299。

(68) 「昨者因謂京師忠賢所萃，策試亡私，奔走西嚮，將覬覦其萬一。未及弛擔，而貢擧已罷矣。」見前引書，頁 288。

(69) 從現有資料看來，李覯似乎是在 1036 年夏天到京城後先去拜訪聶。兩個月以後，他去拜訪葉。他去看宋和李的確切時間無法決定。他在致聶的信中說：「昨始至都下，蓋嘗候問僕人，然卒未克吐其區區。」見前引書，頁 286。致葉的信中，他說：「覉栖輦轂，兩經晦朔，親老食盡，又當歸寧。」見前引書，頁 288。

(70) 見《續長編》卷 102，頁 5。宋甚至在考試時得了第一。不過事實上是他的弟弟宋祁考得比較好。在排名時，劉太后覺得弟弟不應該在哥哥前頭，於是宋庠便拿了第一。見《續長編》卷 102，頁 5-6。宋庠原名宋郊。1037 年 12 月奉仁宗命改爲庠。見《續長編》卷 121，頁 15。

(71) 見《宋史》卷 284，頁 11。李覯稱他「修撰舍人」是正確的。

(72) 李稱葉省判學士。見《李覯集》頁 287。李可能是考慮到葉的幾個頭銜：蘇州觀察判官、光祿寺丞，以及集賢校理。見《宋史》卷 295，頁 12。不過，照《續長編》報導，葉在 1036 年 3 月已被任爲權判戶部勾院。見《續長編》卷 118，頁 6。

(73) 1036 年 7 月，聶和其他兩位官員完成了《景祐廣樂記》八十一卷，因而被昇爲刑部郎中、直集賢院。見《續長編》卷 119，頁 1-2。李稱聶爲省判記注學士，見《李覯集》，頁 285。

(74) 見《宋史》卷 291，頁 13。

(75) 見《續長編》卷 121，頁 14。

(76) 見前引書卷 114，頁 2。《宋會要》選擧一，頁 10。

(77) 李覯稱李淑爲「修撰舍人」。見《李覯集》，頁 288。

(78) 西崑體的最主要特色是「好用典故」、「辭藻華美」。追崇西崑體的文人，以唐朝的李商隱（812-858）爲對象。不過有人覺得這一派太注重形式，而忽略了內容與精神。見劉大杰《中國文學發展史》，頁 570-571。

(79) 見前引書，頁 570。有一則故事也許可以點出楊的名聲到底有多大。由於他跟寇準（961-1023）很接近，寇失勢時，楊幾乎連命都得送掉。可是因爲他文章作得好，遂保全了一條命。見《續長編》卷 96，頁 6。

(80) 我在注(70)裡面已經說明過宋之獲得第一是因爲禮制上的考慮。不過李覯是否知道這件事，就很難講了。如果他不知道，則他很可能就覺得，宋之異於其他赴考人，主要是因爲他的文章寫得好。

(81) 「國朝以策擢高第自淸臣始。」見《續長編》卷 102，頁 6。

(82) 見《宋史》卷 291，頁 13。我在猜想李覯之所以去拜訪李淑和宋庠，可能與他們兩人管理過考試這事有關。1034 年正月，李淑與宋庠同被委爲同知貢舉。五個月以後，宋被任命爲負責是年舉行的制舉考試的官員。見《宋會要》選舉一，頁10；選舉十，頁21。

83 他給了聶《潛書》、《野記》及《禮論》。他準備把他的《明堂定制圖及序》拿給他看。他附了《明堂定制圖及序》和廿四篇短文給宋、李淑及葉。見《李覯集》頁 286，頁 288-89，頁 291-92。

84 「謂其善，則薦之可也，譽之可也。其未至者，則教而成之，固儒師之職耳。」見前引書，頁 286。「昔人有言曰:『唯賢知賢』。小人不敢自稱道，顧可以當執事之知乎？」見前引書，頁287-88。「未知著蔡之仁，肯錫之一言哉？謂之是，則區區姓名當由此而顯……」見前引書，頁289。「昔牛奇章見稱於韓吏部而名遂籍甚。……執事不爲退之之事則已；若其爲之，幸少留意焉。」見前引書，頁 291。

85 李也許見到了葉，也許沒見到。不管如何，葉看了讀了李給他的信及文章，很受感動，因此寫一首詩送給李以作紀念。葉在詩裡總括了李的志趣，同時讚揚了李的讀書方法和結論。見前引書，頁482。

86 促使這四位官員無所作爲的可能原因之一是宋朝中央對參加制舉考試者的資格所加的新規定，詳見下一注。另外一個可能是李覯的一些意見對這些官員來說不免是偏激了一點。譬如說，李覯引用了孟子的話，聲稱老百姓比皇帝還尊貴。「母以有子而尊，君以有民而貴。無子無民，母出君滅。」見前引書，頁 216。

李覯在京師逗留時，曾想到去拜訪另一位官員，可是因爲情勢遷移，被迫打消這念頭。這一名官員就是范仲淹（989-1052）。范於 1035 年 12 月以天章閣待制、吏部員外郎官銜被派爲權知開封府。見《續長編》卷 117，頁 18。可是他擔任這職位不到半年，便被外放到饒州去當知府(饒州在李覯家鄉之北約一百五十公里)。李到京師時，范已經不在了。李於 1036 年下半年到饒州去晉見范。他可能並沒有和范見面，可是他留了幾篇文章在范的辦公室裡，包括《明堂定制圖及序》、《潛書》、《野記》、《禮論》，以及五卷應考人必須得寫的詩和策論。這些文章是附在一封信裡呈遞給范的。李在信裡批評了當時的考試制度，透露了他的抱負，表達了他對范的作爲的敬意，同時相信范一定會東山再起，重振聲名。李希望自己能成爲范的一名幕僚。范顯然不贊成這意見，可是對李的學識很器重。以後幾年裡，范一再邀李到他主政的州府去講課。他們兩人也建立了相當程度的友誼，因此李敢於在 1044 年范當參知政事時率直地提供諍言。見前引書，頁 292-293，頁 299-301，頁 472-473。

(87) 據《宋會要》記載，宋朝中央曾於 1034 年頒布一項規定，禁止參加鄉試失利的人去應制科考試。「應進士諸科取解不獲者不得應。」見《宋會要》選舉第十，頁 21。李覯於 1036 年進京，無所獲而歸。次年，他參加鄉試，不幸失利。「彷徨而歸，又黜鄉舉。」見《李覯集》頁 293，頁 497。他以後一定又再參加了鄉試並且順利通過了，因爲州郡政府官員不可能違背中央的基本要求而把李覯推薦出去應制舉考試。其次，范仲淹稱李覯爲秀才，而秀才是順利通過鄉試以後才獲得的頭銜。見前引書，頁472。不過我無法確定李覯參加鄉試的時間。唯一可定的，是他在 1037 至 1041 年之間參加了，而 1040 至 1041 年又是最可能的時期，因爲他在 1040 年給江鎬寫信時還在嘆說沒通過鄉試。「少年繆計，屢乞鄉舉，求而不得，祇自穢汙。」見前引書，頁283。李覯被知郡推薦去應制舉考試，見他給吳育的信：「今玆竊幸詔舉茂才。州郡不明，以妄庸人充賦。」見前引書，頁 280。又見他給王堯臣的信：「出草廬，從州郡之舉」，見前引書，頁 281。又見年譜，「是年郡舉先生應茂材異等科，有旨召試，故入京。」見前引書，頁498。

(88) 建昌軍的前任知郡是江鎬（977-1046)。1040 年，李覯到越州去拜訪范仲淹。回南城途中，李去拜訪了江。見《李覯集》，頁282-283。范邀李到越州去講學，李因而與胡瑗（993-1059）見了面。范於 1036 年把胡瑗推薦給中央去校審鐘律，胡因而被朝廷任命爲試秘書省校書郎。見《續長編》卷 118，頁 3-4；《宋史》卷 432，頁 10-11。

(89) 我不能確定李寫信的時間，但他顯然是在愼正式視事之前寫的。見《李覯集》頁 283-284。

(90) 「謹與諸生犇問羈靮。……郊次煩猥，非敢願見；視事之後，惟賜接納。乃問乃聽，驗其所有。」見前引書，頁 284。

(91) 「僚屬之所會、賓客之所交，以宴以游……。」見前引書，頁250。

(92) 從文章本身看來，究竟是愼鉞特別請李覯寫的，還是李自告奮勇寫的，無法完全確定。文章說：「工告成事，郡人李覯請爲記曰…

…」，見前引書，頁 250。

93 李覯在文章裡也讚揚了愼釴的政績：「今公之所治，多務大體，明而不苛，斷而不酷，得政之和……。」見前引書。文章最後一段以四字爲一句讀，似是模倣《詩經》的體裁。

94 李覯於 1030 年設法與余靖見面。在這以前，李似乎已經孕育了被州郡推薦出去應制擧考試的念頭。他在致余的信裡說，他還不曾有這份榮譽。「伏念覯十歲知聲律，十二近文章……而公不擧於州郡，私不信於閭里……。」見前引書，頁 296。因此，到 1041 年止，李已經被鄉居及地方官吏冷落了十一年以上。

95 《李覯集》的年譜對這一段歷史的記載很簡陋。我的假定是：建昌軍所從屬的江南西路的轉運使一定已經同意了知郡愼釴的推薦，因爲這是必需具備的條件。另外，當李出發去京師時，禮部的官員可能已在評審李透過愼而呈遞給轉運使的五十篇策論了。

96 我會在本書第三章裡詳細討論這幾篇論文的意義。

97 李覯拜訪他們的眞正動機是什麼，我不敢確定。他可能有些現實的考慮也說不定。譬如說，他也許希望能結識這幾位官員，並透過他們再認識一些別人。這樣他萬一在制擧考試裡不巧考在可取可不取的邊緣，那些官員便可能出一臂之力，拉他一把。當然，這些全是猜測之詞。

98 《李覯集》裡的年譜把劉集賢印證爲劉敞。見《李覯集》，頁498。我相信這是錯誤的。劉敞生於 1019 年，比李覯小十歲，而李覯想拜訪的另外三位官員，都比李年長。這就顯得不相稱。其次，劉敞於慶曆年間剛中進士，而李覯在<上劉舍人書>裡，說他在朝表現很出色，且剛出使北方回來，兩者無法脗合。我翻閱《續長編》，覺得劉沆的經歷與李信裡所述各點較相合。劉於慶曆元年八月戊子日以右正言知制誥官銜奉派爲契丹國母生辰使、崇儀副使。見《續長編》卷 133，頁 3。這和李覯信裡所說的「昨値明公銜命北方，往來數月」相合。其次，李稱劉爲舍人，這和劉的知制誥官銜相合；李贊劉「言朝廷，正色直言，磊磊有烈丈夫之氣」，這又與劉之右正言官銜相合。因此我斷定劉舍人是劉沆，而不是劉敞。

99 《李覯集》的年譜，把吳舍人印證爲吳肅。見《李覯集》頁 498。我無法找到任何有關吳肅的事蹟。另一方面，李致吳的信的內容，與吳育的經歷很相合。吳在 1020 年代，以第一名考取進士。由於他的兩個弟弟也同時考取了進士，吳家兄弟頓時成了名人。1034 年，吳育參加了制舉考試，且順利通過，於是名上加名。見歐陽修爲吳育所寫的墓誌銘。《歐陽文忠公集》卷 32，頁5-6。《宋史》卷 291，頁 1。李在致吳信中也提到：「天聖中，聞執事以進士擧爲太常第一……其後數年，天子脩先帝故事，親策賢良，而執事褎然爲擧……」，見《李覯集》，頁 280。吳育卒後，被謚爲正肅。這也許是李的年譜上把他說成是吳肅的原因。

100 從信的內容看來，李似乎是在抵京城後兩月才去拜訪富弼。「覯……弛擔都下再期月矣」。見前引書，頁278。李可能隨後再去拜訪劉沆，而在拜訪劉以前，他似乎生了一場病。「昨值明公銜命北方，往來數月。及節旄之至，則抱病邸舍，倦於趨走。幸今有間，輒塵點賓次。」見前引書，頁 279。我無法確定李走訪吳和王的時間。他也許先去看了他們，因爲他送給他們五十篇策論作參考，而他沒送任何文章給富或劉。可是他也可能先去看了富和劉，沒帶給他們任何東西。眼看着這麼做毫無結果，因此他趕快把以前寫好的策論送給吳和王看。除去策論以外，他還向王提到《明堂定制圖及序》以及《平土書》。

101 見《續長編》卷 132，頁 24。

102 見《續長編》卷 105，頁 5；《宋史》卷 291，頁 1。

103 富於 1030 年參加考試，時年二十七。吳於 1034 年參加制擧考試，時年三十一。

104 他的官銜是大理寺丞，曾知襄城縣。見《續長編》卷 114，頁 18。

105 富是由范仲淹推薦參加茂材異等制擧考試的。這正是李覯所應的考試科目。我在82裏提到，李於 1036 年訪問李淑和宋庠，可能有一部份是由於他們兩人曾奉命主持過考試。這也許是李挑中吳與王的原因之一。1037 年，吳育被任爲開封府的考試官。王堯臣於 1038 年被任爲權知貢擧。見《宋會要》選擧卷 19，頁 10；卷 1，頁10。

106 「士之言禍福在乎人，而足以有爲者也。幸而聞之，則禍可轉而爲福……玆有益之大也……。」見《李覯集》，頁 277-78。

107 「吾君以兩制爲賢，使主天下之士，士之得失，天下之本繫焉。」見前引書，頁 279。

108 他在致吳的信中說：「執事當世儒首，言重蓍蔡。可稱邪，爲天下稱之；可進耶，爲天下進之。」見前引書，頁 280。

109 他在致富的信中說：「今玆箱篋草具，略有存者，旅窮無資，弗及繕錄。執事若於暇日賜之從容，當挈其一二，陳諸座隅……。」見前引書，頁 278。致劉的信中說：「生平所著，貧無紙筆，弗及自陳，明公試引之座隅，徐觀其用心可也。」見前引書，頁 279。致王的信中說：「矧曩昔之幸，嘗一拜於門下，今日之來，不敢伏匿，自絕高義，輒請見於賓客之後……。」見前引書，頁 281。

110 「生平著明堂定制圖一道並序……粗可稱述。舊本漫滅，未敢自陳。」見前引書，頁 281。

111 這件事是李覯一生中的一個高潮，可惜《李覯集》裡的資料竟然少得出奇。李覯自已曾在1052年致富弼信中提到：「昔應制科，辱召第一。」見前引書，頁 313。另外一個資料，是長沙的蕭注在 1042 年11月寫給李的一封信，其中說：「注昨偕弟英求擧于京師，聞足下應賢良預第一人召試……。」見前引書，頁 477。李的年譜也是以這資料爲基礎的。見前引書，頁 499。另吳處厚在《青箱雜記》也提到此事。他說：「江南李覯通經術，有文章，應大科，召試第一。」見聶崇岐《宋史叢考》，頁 198。

112 「其論題範圍，主爲九經、兼經、正史，旁及七書、《國語》、《荀子》、《楊子》、《孟子》、《管子》、《文中子》等書。」「六題之中，三經、三史。」見聶崇岐《宋史叢考》，頁180-181；《宋會要》選擧第十一，頁 21。

113 「正文之外，群經亦兼取注疏。」「三正文，三箋注。」見聶崇岐前引文。

114 抽離的方法有兩種。直接從書上引出來，叫做明數。從書上引出來後，再另加幾個字，並做些手脚的，叫暗數。「蓋直引書之一二句，或稍變換句之一二字爲題者爲明數；顚倒書之句讀，竄伏首尾而爲題者爲暗數。明數尙易知，暗數則每撲朔迷離，令人難明究竟。」見前引文，頁 181。

115 應考人不僅要能說出考題所從出的書名及章名來，而且還得把它的上下文也道明。「閣試所試各論，文中必須述題之出處，又須全引題之上下文。其不知題之出處者，自不得爲『通』；卽知出處而不全引上下文亦爲『粗』而不得爲全通。」見前引書，頁 182。這主要是考人的記憶力。由此看來，(111)裏所引的蕭注及他所討敎的那位老先生，可還眞有點見識呢！那位老先生把賢良分爲古今兩類，然後認定今之賢良只有記誦的本領。見《李覯集》，頁 477。

(116) 「舊制，六論以四通爲及格。」見聶崇岐《宋史叢考》，頁 182；《宋會要》選擧第十一，頁 22。

(117) 見《宋會要》選擧第十，頁 24。

(118) 依照傳統說法，左丘明是孔子的一名學生，並且是《左傳》的作者，而《左傳》又是爲解釋孔子所編的《春秋》而作的。現代有些學者懷疑孔子是否眞正曾編過《春秋》。他們又把《左傳》的成書年月推斷在公元前300 年左右。見顧立雅，《治國策之起源》卷1，頁 476。

(119) 見《宋會要》選擧第十，頁 24。

(120) 見前引書。

(121) 王吉卒於公元前 48 年。他參加並通過了制擧考試，並且曾再三地規諫當時的皇帝。他諫勸過的事包括：皇上應小心選擇他的臣僚；應遵照禮行事；應節省開支；應取消任子法。由於他的規諫並未被接受，他在宣帝任內（公元前 79-49）辭去他的職位。元帝登基後，召王吉到京師去，可是王死在路上。王對霍光極表欣賞，曾把霍比作周公和商朝的伊尹。見班固《漢書》卷 73，頁 3-8。

(122) 貢禹生於公元前 124 年，卒於公元前 44 年。與王吉一樣，貢也通過制擧考試，同時規勸過當時的皇帝（元帝），而他的建議中有許多是被接受的。他勸皇上節約、正身；放宮女回家；減少宮中音樂；提拔操守良好、忠心以及正直的官吏；取消以錢贖罪的措施；治國時依法而不依個人的好惡行事；勸百姓務農；取消採珠、採玉，以及冶金銀的機構；防止政府官員與民爭利；並開釋奴隸爲普通百姓。可是，貢對霍光有反感。他覺得霍太抓權，同時不顧禮敎。見班固《漢書》卷 72，頁 10-17。

(123) 見《宋會要》選擧第十，頁 24。

(124) 見前引書。

(125) 見前引書。

(126) 見前引書。

127 「少小學賢能，謂可當賓禮。……讀書取大者，纖悉或靡記。」見《李覯集》頁 385。

128 「炙背雖自奇，寧當至尊意?!龍馬騰天衢，駑駘含羞死。」見前引書。結果有兩個人通過閣試——錢明逸與齊唐。可是殿試時，錢考入第四次等，而齊不入等，但兩人都升了官。見《宋會要》選舉第十，頁 24-25。錢升官後不久，與呂夷簡相善，而指控范仲淹及富弼成立朋黨。見《宋史》卷 317，頁 13。

129 「慶曆中，應科目罷歸……因決不求仕進，忍耻業衣食，庶乎終養，無有憾焉!」見《李覯集》，頁 359。

130 「……十四年而先君沒。是時家破貧甚，屏居山中，去城百里。水田裁二三畝，其餘高陸，故常不食者。」見前引書，頁 359。

131 「夫人……募僮客燒薙耕耨，與同其利。」見前引書。

132 「娶婦有孫，如平人家。」見前引書。

133 「不知別後啼多少? 苦問家僮說未眞。」見前引書，頁 446。

134 「雖晨夕費，猶或已出，斥粧櫛賣之單盡，執勞辱殆與臧獲等。」見前引書頁 360。陳女卒於 1047 年。見前引書，頁 503。以後李又娶了一個饒姓女子爲妻。「始娶陳氏，再娶饒氏。」見前引書，頁 486。

135 「耒耜不供升斗之食，桑麻不足一帶之衣。」見前引書頁 296。

136 「盡室唯琴書。」見前引書，頁 392。

137 禮部評審策論的結果一公布， 李覯馬上成爲應考人注意的對象。「注昨偕弟英求舉于京師，聞足下應賢良預第一人召試，是時萬口一發，萬意一同，未有不心思目願，欲識其面者。」見前引書，頁 477。

138 我是在這裡猜測。我相信如果禮部不曾評李爲第一，則祖很不可能會知道李的存在，更甭說去拜訪他了。《李覯集》裏的年譜，只提到說李在 1042 年拿了一個第一。「是年先生試制科得召第一。」見前引書頁 499。如果年譜的作者注明了是那一個月，那該多好? 我相信是在正月。

139 「業已辭吾親，中道豈可廢? 」見前引書，頁 384。

140 他考到第三名，而司馬光是第六。見祖無擇，《洛陽九老祖龍學文集》附錄頁 1;《宋會要》選舉第二，頁 7。

141 見祖無擇，前引書附錄頁 1。

142 見《宋會要》選舉第二，頁 7 。

143 《李覯集》裏只提到說他們兩人談得很投機，可是很少涉及具體談話內容。「高談貫先哲，雅意在玆世。昔人相遇間，一言猶合契。」見《李覯集》，頁 384。從祖所寫的文章分析起來，我們可知祖在 1038 年以前就接受了儒家的價值觀，他很看重君臣、父子、以及師生之間的關係。他對禮和義非常重視。他的理想國是夏商周三代，而他對佛教是頗有反感的。見祖無擇，前引書，卷 7，頁 3；卷 8，頁 1，頁 4-5。

144 「君授南康守，舟維蔡河涘。我館汴之陰，前去路則邇。時時結帽帶，踽踽尋英軌。……王命有期日，都門一反袂。」見《李覯集》，頁 385。

145 「嫩橘摘千苞，肥魚斫千尾。蕭晨徹骨清，佳境邀人醉。」見前引書。

146 即今之鄱陽湖。

147 「是時東方曙，俄然北風厲……長帆張欲裂，孤舟盪無倚；篙工斂手立，脈脈無窮淚。從者閉目坐，嗟嗟不敢視。我時撫床歌，分作長江鬼。所恨生劬勞，不孝而已矣。禍福果無妄，險難行可弭。脫身得平康，引領望鄉里。」見前引書。

148 「郡守方仁賢，學宮盛脩理。踵門致勤恪，命我論經藝。」見前引書。

149 「麻衣何紛紛，鄉人子若弟……蚤與鷄同覺，夜與月相值。孳孳忘飲食，齗齗在文史。」見前引書。

150 「高堂何戚戚，疾病日攢萃。一夕脾臟間，發泄不復止。詰朝問無言，目瞑口齒閉……醫師相急熱，巫覡兩經緯。藥草極酸辛，法術殫怪詭。薄暮乃復蘇，踰旬僅知味。」見前引書。

151 見前引書頁 314，頁 386。

152 見前引書頁 315，頁 386。

153 見前引書頁 314-16。有關蔡襄之官職，見《續長編》卷140，頁7。

154 此信大約寫於 1042 年。

155 見《李覯集》頁 475。

156 「是夫知計窮，誣我以罪戾。上官猶眩惑，準例皆拘係。幽幽囹犴中，憒憒爭競裏。周旋二十日，乃克見巧敝。」見前引書，頁 386。

157 「篋書歸敝廬，庠門任燕穢。」見前引書。

158 「時復觀田疇，畢力奉耘耔。」見前引書。

159 「于時歲在丁亥大宋慶曆七年。」見前引書，頁 361。

160 「是年中女子死。」見前引書，頁 503。

161 李母卒於皇祐三（1051）年春二月丁未。見前引書，頁 358-59。

162 「行年四十四，疾疹日發作……皇祐四年……。」見前引書，頁269。「行年四十有奇，一事不成，百病俱發……。」見前引書，頁 307。此信寫於至和二年。

163 「覯慶曆癸未秋，錄所著文曰退居類稿十二卷。後三年復出百餘首……。」見《李覯集》頁 269。這些雜文並未收在《李覯集》裏。

164 我所參考的兩本生卒年表都以 1011 及 1064 年為劉牧的生卒年。這位劉牧多一半就是李覯所批評的《易圖》的作者。

165 《刪定易圖序論》共有六論，見前引書，頁 52-66。

166 「于今又六年，所得復百餘首……。」見前引書，頁 269。

167 見前引書頁 364-377。這三卷文章在整部《李覯集》裏算是長度最短的。有幾篇似乎已被《李覯集》的編者刪定過。照黃宗羲所著的《宋元學案》說，這些被刪的地方都是褒揚齊桓公和管仲並貶抑孟子的。見黃宗羲《宋元學案》卷 2，頁 30-38。

168 「是年余襄公薦先生于朝。」見《李覯集》，頁 502。余靖之奏章見前引書，頁 470-71。

169 「伏乞朝廷特與召試，以廣得賢之路。」見前引書，頁 471。

170 李覯最初想見范仲淹是在 1037 年。自那年以後，他經常與范保持連絡。見《李覯集》，年譜景祐四年條；康定元年條；上范待制書；名公手書范文正公三首。見前引書，頁497-98，頁292-94，頁472-73。又見本文注86。1049年，范的官銜是資政殿學士、給事中、知杭州。他在七月間被升為禮部侍郎。見《續長編》卷167，頁 2。

171 「臣今取到本人所業《禮論》七篇，《明堂定制圖序》一篇，《平土書》三篇；《易論》十三篇，共二十四篇，編為一十卷，謹繕寫上進……」。見《李覯集》，頁 469。

172 「先是宋庠建議以今年當郊，而日至在晦。用建隆故事，宜有所避，因請季秋大饗於明堂。」見《續長編》卷 168，頁 3。劉子健教授相信在明堂裏擧行祭祀有提高皇帝本身地位這層含義，因爲天在「明堂」裏已被人格化，而且和皇帝的祖先具同等地位。見劉子健:《封禪文化與宋代明堂祭天》，頁 45-51。

173 見《續長編》卷 168，頁 3。

174 在那幾個月裏，出現了許多有關明堂的建議和討論，詳見《續長編》卷 168，頁 3-17；卷 169，頁 1-9。

175 范仲淹的奏狀是六月裏寫的。「臣於去年十一月錄進前人所業十卷，其《明堂圖序》爲一卷，必在兩制看詳……臣今再錄其圖，並序上進，伏望特賜聖覽……仍乞詳臣前奏，殊加天奬，以勸儒林取進止。」見《李覯集》，頁469-70。「明堂」簡義見本書，頁54。

176 中央於 1050 年 7 月授李覯官銜。「特授將仕郎試太學助教，不理選限。」見前引書，頁 466。《續長編》也記載了這事，但附於八月乙丑日條。見《續長編》卷 169，頁 4。是年十月，余靖（時任雅州知府）寫信給李覯，賀他得官銜，可是也很遺憾政府沒給李實缺。他說如果政府有太學方面的任命，李不妨接受；但如果朝廷要他再參加考試，則必須愼重。「如有朝命召赴成均供職，亦可行道，不宜辭免。或令赴選，須詳去就也。」見《李覯集》，頁 474。

177 「不離鄉井，已脫民編。」見前引書，頁 274。「夫冗散一官，品秩至下；在他人視之則輕，然衰族得之已幸。稍殊編戶，便可安居。」見前引書，頁 275。李覯的母親那時還在世。相信她老人家一定比任何人都高興。這也許是李覯在＜謝授官表＞裏說「閭門交慶，鄉里知榮」的一個原因。見前引書，頁 274。

178 「養道丘壑，聚徒教授。」見前引書，頁 467。李創立盱江書院，也許正在此時。

179 「南方士流，皆宗師之。」見前引書。

180 「國子監奏……欲望朝廷特與注授一官，差允太學說書。」見前引書。

181 「劄下江南西路轉運司指揮，發來赴闕，仍仰見在處支賜盤纏錢伍拾貫文。」見前引書。

182 「自佐學政，逾年于茲，孜孜渠渠，務恪厥守。祭酒司業以爲博士之職莫宜于爾，是用推恩……可特授通州海門縣主簿，太學說書散官如故。」見前引書，頁 466。

⑱③ 胡瑗於 1056 年 12 月以太子中允天章閣侍講官銜奉命管勾太學。見《續長編》卷 184，頁 14。

⑱④「……兼管勾太學胡瑗奏：爲臣多疾，乞於通州……除臣一差遣。」見《李覯集》，頁 468。胡退休後不久於1059年 1 月病逝。見《續長編》卷 189，頁 3。

⑱⑤「差李覯權同管勾太學」。見《李覯集》，頁 468。

⑱⑥ 我不敢確定李覯於何月請假，因爲《李覯集》裏的資料不多，而政府給李的准假劄裏也沒提年月日。「夏天」是推論出來的。詳見⑱⑧。

⑱⑦「奉聖旨依奏，除程給假一月，不得有違日限。所有太學公事仍仰鄭穆權管勾，李覯回日仍舊。」見前引書，頁 468。

⑱⑧《李覯集》裏的年譜，對於李覯一生中最後一段敍述得不够詳細。作者對李覯何時請假回家，交代不清楚，只用了一個「尋」字。(見前引書，頁 507。)可是，年譜說李卒於 1059 年 8 月。(見前引書)。陳次公爲李覯所作的墓誌銘說李「歸逾月而卒」(見前引書，頁 487)。如果我們假定李從開封回南城，路上花時一整月(李當初估計一般人從南城赴開封須花了一個月時間。「裹糧北走，路宿一月，然後至京師。」見前引書，頁 295。)在家一個半月，然後卒於八月中旬，如此則他離京返鄉當在六月初。換句話說，他在開封管幹太學共有半年左右。這六個月就他與王安石之間的關係來說，可能是具有決定性作用的。這點我在本書頁 143-144 裏有詳解。

⑱⑨ 我在⑧⑦裏曾指出李覯很可能在 1041 年參加了州郡的鄉試，並且順利通過。

第三章　李覯的著作

李覯一生中寫了好幾百篇文章。他的寫作生涯起步很早。他廿二歲那年,就已經模擬了九十五篇策論❶,字數總計一萬字❷。以後三十年間，他繼續不斷地大量寫。即使在他 1043 年自已說他已經退休之後， 他還是撰寫了幾百篇短文。 光是 1043 年，他就替他的寫作紀錄增加了十二卷❸。三年之後，他又添了近百篇❹。1052 年， 他收集了二百三十八篇短文，綜計八卷；這其中有一百篇左右是 1046 年以後寫的❺。

可是， 李覯雖然一生多產，他的寫作生涯中最重要的時期是 1031 年到 1043 年。在那十三年裏， 他產生了他一生中絕大多數結構比較完整的論文。這些論文也正是他文集中所保留的那幾篇。

就這些論文出現的順序來說，它們可以綜合整理用表來解釋:

寫作年月	作者年齡	論　文　標　題	文集內卷數
1031	23❻	潛書	第二十卷
1032	24	禮論	第二卷

1036	28	明堂定制圖序	第十五卷
		平土書	第十九卷
1038	30	廣潛書	第二十卷
1039(?)❼	31	易論	第三卷
1041(?)	33	富國、強兵、安民策	第十六至十八卷
1043	35	慶曆民言	第廿一至廿二卷
		周禮致太平論	第五至十四卷

主要作品有形特徵的比較

篇名	單元數	總字數	篇每單元平均字數	最長單元字數	最短單元字數
潛書	15	1,830	122	170 (7)*	53 (15)
禮論	7	8,184	1,169	1,230 (1)	561 (3)
明堂定制圖序	1	3,515			
平土書	20	14,864	743	2,051 (20)	57 (1)
廣潛書	15	2,136	142	335 (6)	54 (2)
易論	13	11,745	903	1,230 (1)	631 (11)
富國、強兵、安民策	30	22,186	739	1,020 (8)	562 (10)
慶曆民言	30	6,088	204	317 (9及17)	109 (29)
周禮致太平論	50	22,612	452	645 (50)	354 (35)

* 這是單元在各篇中的位置。

以上這些文章除去《明堂定制圖序》是一整篇外，其餘的各篇都是由小單元組合而成的。《周禮致太平論》有五十個小單元，總長二萬二千六百十二字，是所有文章中最長的一篇。《禮論》只有七個小單元，可是每一單元的平均長度是一千一百六十九字，是所有單元中最高的平均長度。除去《明堂定制圖序》外，各篇中最長的一個單元是《平土書》中最後一節，總長二千零五十一字。《潛論》至少在四方面是各篇中最短的❽。上一頁上所記載的是各篇文字有形特徵的表解。

現在讓我們按各篇文章出現順序逐一討論。

一、《潛　　書》

這是保存在《李覯集》裏的最早的一系列文章。這篇文章的幾個單元都很短，可是李覯後期的各種思想，在這裏都已經看見了苗頭。他對一般老百姓非常同情，對帝王❾及官吏❿倒是有很多批評。他感覺到平均土地使用權的重要⓫，同時感嘆社會上大多數人都是用人說的話來評價別人，而不是以人的行爲來評價⓬。他以君子作爲自己的楷模⓭，並且批判了佛教⓮。

二、《禮　　論》

像前一年所寫的《潛書》一樣，《禮論》的七個單元也是李覯以後立論的基礎。他在 1030 年代後期及 1040 年代初期的許多想法，都可以追溯到這一系列文章來。

在這七個單元裏，李覯試着去綜合兩組儒家的概念，而在這兩組概念裏，「禮」都是一個構成要素。一組包括禮樂政刑這四個概念；另一組包括仁義禮智信這五個概念。這幾篇文章以對話體裁寫出。文章的主題先在第一單元出現，然後在緊接着的四個單元裏細細解釋。總括起來，前面五個單元是《禮論》的核心。

李覯辛苦地綜合儒家八個概念滿足了好幾重目的。他把仁義智信的意義分成兩類⓯，可說是替這些概念的傳統解釋法增加了一個層次。他在《禮論》第四及《禮論》第五這兩個單元裏，對照了合乎禮及不合乎禮的八種概念形態，等於是對宋朝的執政提出警告，同時是對宋朝的一些政策及政治措施提出默示的批評。這些概念，很可能就是他在寫《禮論》第七這個單元時的理論基礎——他評論了漢唐兩朝的帝王的功過。最後，他在描述禮從遠古一直發展到宋朝的歷史時，提出了自己的文明演進史⓰。他在述完文明史以後所獲得的結論，後來就成爲他對政治及經濟問題的看法的基礎。

三、《明堂定制圖序》

這篇文章是一系列圖案的序，可是這些圖案並沒被收集在《李覯集》裏。李覯的原意是想把周朝當初設計的一些房間的正確位置都描在這些圖案上。這些房間的總稱叫做明堂，而周朝的帝王曾在明堂裏舉行過許多重要的儀式。帝王們曾在明堂裏「事上帝、嚴先祖、班時令、合諸侯」⓱。依照序的內容來看，李覯所畫的圖案並沒有談到建築的細節、房屋的雕飾、帝王的服飾，或必備的儀仗車⓲。

李覯對他自己所畫的圖案有很高的期待。他希望這些圖案能使他流芳百世[19]，因爲他不但批駁了許多前人所提的有關明堂結構的解釋，也闡述了周朝當初的設計。這些希望一直掛在他心頭，直到他生命旅途的盡頭。當他在故鄉老家病床上等待他生命中最後一刻降臨時，他握着他的一個學生的手，要後者爲他保存圖和序[20]。至少這序是保存了，因此李的心願有一部份是滿足了。

這一篇文章雖然對李覯本人很重要，對我們卻並沒有深長意義。序的內容技術性很高，對我們了解李覯的思考方式並不帶太多啓發性。

四、《平土書》

這是李覯在 1036 年所寫的一系列文章。它們是由李在 1031 年所想到的一個主意擴充而成的[21]。文章大部份是在討論周朝的土地制度，包括每一個壯男在城鎮及鄉村所能配到的可耕地面積。在最後兩個單元裏，李也討論了賦稅制及軍事組織。

《平土書》的內容有很高的技術性，其中有許多意見是依據《周禮》而來的，因此，它可說是有選擇地重新組織了《周禮》。這系列文章表現出李覯的勤奮，但不是他的原創性。不過，李覯願意花那麼多功夫去重組，他的基本信念是重要的。

李覯相信足食與王道之間有密切的關係。前者可說是後者的先決條件[22]。正因爲他有這種信念，同時他希望周朝的制度能重用於宋朝[23]，他才花那麼大力氣去寫《平土書》。

這二十個單元的文章在李的整個寫作生命中很重要，因爲它們標誌着李覯最富創造性的思考已接近尾聲。他匍匐在周公的睿智面前[24]，希望周朝的文物能透過周禮的施行重現於宋朝[25]。

五、《廣　潛　書》

這是一系列由十五個短單元組成的文章，是李覯三十歲那年（1038）寫完的。無論是形式或內容，這些文章都是李覯在七年前所寫的《潛書》的延續和擴充。李覯仍然埋怨政府和社會上一般人在評斷別人時所用的尺碼；繼續批判佛教；同時再一次表示了他對一般民衆的幸福的關懷。無論是在《潛書》或《廣潛書》裏，我們很容易察覺到儒家學說對李覯的影響，特別是在他的種種道德判斷上。

不過，這兩系列文章之間有不同處。第一、在《廣潛書》裏，除去有一些微弱的抗議（抗議把社會上尊榮頒發給不值得接受這種尊榮的人）外，李不曾直接批評或警告帝王[26]。其次，李不曾在《廣潛書》裏談經濟問題。這也許是因爲他在《平土書》上已經花過足夠的時間。第三、李再一次提到禮的重要性。這是他在 1032 年寫《禮論》時曾鑽研過的一個主題。

這一系列文章在李覯的成熟過程中似乎並不重要。

六、《易　論》

這是一系列由十三個單元組成的文章。李覯本想在這些文章裏討論《易經》一書的大原則。雖然文章裏也談到許多形而上學的問題，文章的主要信息還是政治性的。李覯討論如何做君，以及如何做臣。

《易論》究竟作於那一年，一直是一個懸而未決的問題。可是它們一定寫成於 1047 年之前，因爲李在那一年刪定了劉牧所著的五十五首《易圖》，並且寫了六篇短文批判他的錯誤㉗。李在序裏提到了他自己所寫的《易論》，可是沒說明是那一年寫的㉘。

按照陳次公（李覯的一名學生，也是李的墓誌銘的作者）的說法，《易論》是在 1043 年李退休之前寫的㉙，可是他也沒法確定確切寫作日期。

依我推斷，《易論》可能寫定於 1039 年。早在 1035 年李就想到要寫《易論》了㉚，可是，在隨後幾年裏，他很少有寫作時間（只有 1039 年是例外）。他跑了很多地方，極少呆在家裏。1036 年，他到京城開封去了，並且在那兒逗留了好幾個月㉛。第二年他往西走㉜，而在旅行前或旅行回來後㉝，拾起了他在《潛書》裏的幾個主題，寫了十五單元的文章。這就是不久前討論過的《廣潛書》㉞。1040 年，他應范仲淹的邀請到浙江去（范那時是越州知居），並且似乎和范有愉快的交談㉟。一年以後，他先是爲撰述《富國、強兵、安民策》而忙個不停㊱，接着便被南康軍的知郡推薦到京城去應制舉考試㊲。制舉考試失敗後，他終於在 1043 年退論。左看右看，只有在 1039 年他才有足夠的閒暇來思考《易論》的各項主題，並把它們以論文方式寫出。

另外還有三個線索可引證在這裏作爲我推論的資助。第一、李覯在 1036 至 37 年逗留京師，晉見朝官的時候，不曾在任何致官員們的信中提起《易論》，而在那兩年裏，他有列述他所有有份量文章的傾向。即使是兩篇雜文㊳，總共不過九十九字，又只有兩個簡單主題㊴，也在他致聶冠卿㊵及范仲淹㊶的信裏提到了。如果他那時已經寫完了《易論》，他不可能會不提起它而把它隱藏起來㊷。

其次，李覯早年所寫文章裏，一直沒有明確地引用《易經》。可是在 1038 年，當他寫《廣潛書》第四單元時，他引用並解釋了《易經》的一段文字㊸。這表示李覯在 1038 年以前可能還沒徹底把《易經》讀完，更甭說撰文論述它了。

第三、《易論》裏面的兩大主題之一——如何作君——曾被他在 1041 年及 43 年所寫的文章裏仔細地、有系統地論述。《易這》十三篇因此可看作是一連串同性質文章的先頭部隊。在這以前，李覯只曾在《禮論》裏略略提起「爲君之方」㊹。當然，李覯在 1041 年撰文（特別是在〈強兵〉及〈安民策〉裏）討論如何作君的時候，可能檢起他多年以前想到過的主題，然後再加以發揮（如此一來，《易論》的撰寫年月可以往前推到 1030 年前後）。但更可能的一條路是：他逐步逐步，繼續不斷地發揮使他感興趣的主題。因此，《易論》撰成於 1039 年的機會遠大於 1032 年。

這一系列的文章很重要。可是它們的重要性不在於內容，而在於歸趨的方向。1040 年代的李覯，不但對控制人的道德原則感興趣，對控制人的技術也有興趣。如果這種趨向不代表李覯有背離儒家教誨的意圖，他的立場和想法至少已經含攝了一些非儒家的成分。

七、《富國、强兵、安民策》

這一系列文章共有三十單元。它們討論三組宋朝當代的重要問題。

這些文章究竟作於那一年，頗可爭論。人們可以猜測說，李覯可能是在 1050 年代撰成這些文章的，因爲他在〈富國策〉第六裏說，宋朝建國已快一百年了㊺，他在〈強兵策〉第一的一句相類似的話又加深了「寫成於 1050 年代」的印象㊻。可是，如果我們讀了李給他朋友寫的一封信，那麼我們必須把寫作年代拉前一點。那封信是 1047 年寫的，裏面提到說《富國、強兵、安民策》是幾年以前就已經完成了的㊼。陳次公說〈富國策〉是李覯在 1043 年退居以前寫完的㊽。李覯的年譜上記載說這三十單元是在 1039 年寫定的，那時候李覯恰好是三十一歲㊾。胡適寫文章推薦李覯時，就接受了 1039 年的說法㊿。

不過我們有理由相信李覯實際上是在 1041 年上半年才把這三十單元寫完的，那時候正值他第二次去京城的前夕。李在〈強兵策〉第一裏說，由於羌族入侵，宋朝已經動員了三年，可是依然沒法結束戰爭，因此很多老百姓（特别是住在西邊的人）不免着急並埋怨起來(51)。李覯所說的羌族入侵，很可能是指 1039 年 11月西夏的入侵宋土(52)。到 1041 年 6 月，宋朝上下動員已進入第三年，雖然實際上戰爭只延續了整整十九個月。其次，李覯在〈富國策〉第八裏提到銅錢外流到宋境以外，最後一定會影響到宋君的權力(53)。李並沒有公開提議什麼對策，可是，由他寫文章的態度來推測，他很可能會贊成「把貨幣流通限制於宋境之內」的政策。事實上，宋朝政府確實在1041年 5 月頒布一項命令，重申「貨幣不許流出邊界」的規定(54)。很可能李覯的那篇文章寫定於宋朝政府重申令傳達到他耳朶中之前，而重申令可能是在1041 年 6 月或 7 月才傳到李覯那兒(55)，不然他只需引用政府的禁令就可以了，何必花那麼多力氣去提出他自己的主張。

〈富國〉、〈強兵〉、及〈安民策〉之間有互相重複處，可是每一系列的文章都各有它明顯的重點。〈富國策〉主要是討論政府的農業及財政政策，同時批判了佛教的社會及經濟影響。〈強兵策〉討論君主與將帥之間的關係以及一些具體的國防政策。〈安民策〉討論了教育問題，平時訓練與戰時征召之間的統一與協調，以及君主控制大臣與百姓的技巧。

這三十單元的文章是李覯早年各種努力的延續。在政治方面，它們集中於控制的技巧上，這正是《易論》裏的主題，雖然這次是以君主與將帥之間的關係作爲討論焦點。在經濟方針上，李繼續爲農民說話，這和他在《潛書》、《禮論》以及《平土書》裏的立場是一致的；不過，他現在有一些具體的政策上的建議[56]。另一方面，李覯對商人(特別是富商)的態度比以前溫和了。他覺得他們在全國經濟的發展上應該被允許扮演一個合法的角色[57]。在社會問題上，李覯沿着他在《廣潛書》裏所提出的路線走。他建議取消佛教並且鼓吹大家過一個簡單樸實但有明確的社會階層的生活[58]。

八、《慶曆民言》

這一系列文章共有五十個單元。它們是李覯在 1043 年寫成的[59]。那時候李已經失去再參加政府所舉行的考試的興趣。由於他的政治慾望已經褪色，他開始擔心他也許無法對他所處的社會再作任何貢獻。於是他就把他的政治意見寫下來，希望這些意見有朝一日會被政府接納[60]。

當他寫完這一系列文章後，他把它們拿去給好友祖無擇看，而祖對這些文章評價很高[61]。祖覺得這些文章切中時弊，如果當朝卿相能夠採擇並且實行，那麼宋朝可能轉向強盛，國家也會不要受鄰邦侵凌[62]。

由各種跡象看來，李那時的寫作技巧是比以前更成熟了。他有時候把文章主題先標出來，然後一步一步地，細細心心地把思路表明，並且把專用名詞解釋清楚。《民言》第十七篇，〈懋節〉，便是一個例子：

> 使人以賞罰，衆人之使人也；使人以禮義，聖人之使人也。賞罰外也，可去、可就。禮義內也，一中其心，天地四方無所逃矣[63]。

就內容而論，《慶曆民言》可說是 1041 年李寫的〈強兵〉及〈安民策〉的後延。全篇有一半以上的文章是從帝王的角度來討論統御的手法問題。剩下的一些討論軍事、財政及社會問題。

九　《周禮致太平論》

這一系列文章共有五十單元[64]。李覯於 1043 年把它們寫完[65]，然後於 1052 年把它們印成單獨一册發行[66]。李覯有一陣子很爲這些文章感到自豪。1052 年，朝臣孫沔 (997-1067)奉命到廣西去剿平儂智高叛亂時，李向孫呈獻這些文章，希望孫有空讀一讀[67]。可是，當他在 1059 年夏天進入彌留狀態時，李希望他的學生替他好好保存的，不是這些文章，而是那篇《明堂定制圖序》[68]。

這些文章分六小節討論，各節題目是：內治、國用、軍衞、刑禁、官人及教道。五十單元中有十六個單元是討論國用，幾乎占全文三分之一。只有四個單元討論軍衞。

以寫作風格而論，李有時還有保持早先寫《慶曆民言》時的水平[69] —— 先把主題推出，再一步一步地界定用詞，以求把意思弄明白。第十九單元是一個好例子：

> 司市：凡治市之貨賄六畜珍異，亡者使有，利者使阜；害者使亡，靡者使微。利，利於民，謂物實厚者；害，害於民，謂物行苦者。使有、使阜，起其賈以召之也；使亡、使微，抑其賈以却之也。侈靡細好、使富民好奢，微之而已[70]。

不過，這種乾淨俐落的手法並不多見。統而觀之，這五十單元的文字在寫作技巧上似乎比以前遜色。

就文章的內容來說，退步的跡象也很明顯。除去少數幾篇有新的意思外，大部分的文章不是重複以前的意見，便是逐字照抄。以下是一份內容重複檢驗單：

早期文章	周禮致太平論
廣潛書第十一	內治第一及第六
慶曆民言第二十六：正局	內治第二
慶曆民言第十四：止幸	內治第四
慶曆民言第十：損欲	內治第七
富國策第一	國用第一、第十、第十四及第十五
富國策第二	國用第四
易論	國用第五

慶曆民言第二十七：厚農	國用第七
富國策第六	國用第九、第十一及第十二
安民策第九	國用第十三
強兵策第五	軍衞第四
安民策第七	刑禁第一
慶曆民言第十一：本仁 安民策第八	刑禁第三
慶曆民言第十一：本仁	刑禁第四
慶曆民言第二十八：復教	刑禁第五
慶曆民言第三：審姦	官人第一
慶曆民言第十三：考能 慶曆民言第十六：精課	官人第二
慶曆民言第十六：精課	官人第三
慶曆民言第二十一：南略	官人第六
慶曆民言第二十五：遠私	官人第八
安民策第一	敎道第一
富國策第三 安民策第四	敎道第七
廣潛書第十三	敎道第八

統計起來，《周禮致太平論》裏五分之三的主題都曾在李覯1043年以前所寫的文章裏出現過。

雖然這些文章缺少新意，它們卻代表李覯再一次肯定早先的信念。其次，有幾個觀念值得提出討論，特別是他對人命的高度評價[71]。

*　　*　　*　　*　　*

李覯一生寫了好幾百篇文章，其中最要緊的部份都留傳下來，收在他的文集裏。我們仔細研讀這些文章以後，便可發現他的思想基礎早在 1030 年代他寫《潛書》和《禮論》的時候就奠定了。不過他的智力發展過程並不很長；它很快就到達頂點。1036 年，他寫《平土書》時，就幾乎完全匍匐在周公（相傳是《周禮》一書的作者）的睿智前面。他在1043年寫完的《周禮致太平論》，可說只是把他在1036年的思緒再加發揮而已。

不過，如果只就文章的內容而論，那麼他在 1036 至 1043 年之間所寫的文章（諸如《富國、強兵、安民策》及《慶曆民言》）也有它們可稱述的地方。它們的中心論點並不完全符合儒家標準。李覯對統御學（特別是從帝王這角度來看的那類）愈來愈關心。這表示感化李覯思想的因素是多元的。這同時意指李覯的生活空間裏發生了一些重大事故，而這些事故又影響了李覯的思考方式。

爲了要對李覯從儒家及非儒家的許多思想源頭逐漸學習的過程作一個分析，我們且來看下面這兩章的內容。

附　註

❶ 這些策論的題目都是莘莘學子可能在考場遇到的。

❷ 「舊稿一策，凡九十五首，約萬餘言……。」見《李覯集》，頁296。

❸ 「卷」通常是一本書中的一部份，而其長度不一。在《李覯集》裏，卷 33 只有三頁；卷 19 則有三十一頁。

❹ 見<皇祐續稿序>，前引書，頁 269；<年譜>慶曆三年條，前引書頁 499-500。李把這些文章拿給祖無擇看，並請他寫一篇序，祖同意了。可惜這些文章現在已找不著，我們無法知道它們的確切內容。不過，由祖所寫的序的內容看來，李似乎在他的文章裏採擇了許多周公和孔子的教誨，並把它們與宋朝的問題連繫了起來。祖認爲任何一個有志作君子的學生都應該讀讀李的文章。見祖無擇，前引書，卷 8，頁 4-5。

❺ 見《李覯集》，頁 269。

❻ 這裏的歲數是以傳統方式推算出來的，卽所謂虛歲。虛歲的計算法是每過一個年便加一歲。因此在過年前新出生的孩子，過了年便算是兩歲。

❼ 打問號的年份表示不能完全確定。

❽ 就全篇總長、各單元平均長度、各篇最高長度及最低長度這四方面而言。

❾ 「勉征繕，聽誅殺，民非貴於君也。母以有子而尊，君以有民而貴。無子無民，母出君滅。」見前引書，頁 216。

❿ 「受天子祿，守天子土，械姦民，劾惰吏而致之法，上官一言，巨室一金，則解而出之不待旦。睎勢而懼，懷賂而喜，妥首搖尾，良犬之恥。」見前引書，頁 219。

⓫ 「耕不免饑，土非其有也；……嗚呼，吾乃今知井地之法，生民之權衡乎！井地立則田均，田均則耕者得食，食足則蠶者得衣；」見前引書，頁 214。後五年，李覯就這主題擴充而寫成《平土書》。詳見本書，頁 55 。

⓬ 「孔子之言滿天地，孔子之道未嘗行。簠簋牲幣廟以王禮，食其死

不食其生，師其言不師其道。故得其言者爲富貴，得其道者爲餓夫。悲夫。」見前引書，頁 220。這一單元曾被巴拉徐譯爲英文，載在他所寫的有關李覯的文章裏。見巴拉徐，頁 286-87。

⓭ 「君子位高而德脩，外榮而中懼，恭儉以下人，恩澤以結物，爲是戒也夫！」見《李覯集》頁 217。

⓮ 「佛之法曰：必絕而親，去而君，剔髮而胡衣……此獨何歟？……」「侈我宇，嚴我像，衣食我徒，雖弒君父，亡所恤。」見前引書，頁 218-19。又見《潛書》第二單元。

⓯ 李覯把仁義智信這四個概念和一系列特定的、具體的政治措施連繫起來，並稱呼它們爲「仁之道」、「義之道」、「智之道」及「信之道」。見前引書，頁 10。其含義是：不合乎這些原則的措施，便是不仁、不義、不智、不信。

⓰ 這一個演進史載在<禮論第一>裏，從「夫禮之初」開始，直到第一單元末。見前引書，頁 6-7。

⓱ 見前引書，頁 122。

⓲ 「若夫棟宇之高卑、土木之文飾、至尊所居之服御、上神所享之儀物，此禮官學士之職，非小臣之能盡也。」見前引書，頁 130。

⓳ 「臣……願……自託不朽。」見前引書，頁 129。

⓴ 有關這一節的描述稍嫌含糊。李的學生陳次公有下列記載：「臨終無他言，獨執次公手以明堂制圖爲託……。」見前引書，頁 487，頁 507。

㉑ 見本章⓫。

㉒ 「食不足，心不常，雖有禮義，民不可得而教也。」見前引書，頁 183。

㉓ 這一個希望是用問話方式表達出來的。「抑焉知其不復用也！」見前引書。

㉔ 「大哉周公乎！接文武之聖，救商人之敝……其曰兼三王不亦宜乎！後雖有作者，周公其弗可改也已。」見前引書頁 212。我在本書前（導言章❼）曾指出，現代有些學者不相信周公是《周禮》的作者或編者。

㉕ 「法而行之，復爲一周乎！」見前引書。

㉖ 「不求其德而試其言，冠緌之下，或屠販之器也。吁！今之立乎道

義之門者，聞人足音蓋欣欣矣！」見前引書，頁 227。

㉗ 見《刪定易圖序論》，前引書，頁 52-66。

㉘ 「覯嘗著《易論》十三篇」，見前引書，頁 52。

㉙ 「曾充茂才，有＜富國＞、＜安民＞、＜強兵＞三策，《易》、《禮》二論，合五十首，天下傳誦。及退居，爲《周禮致太平論》並序五十一首。」見前引書，頁 486。

㉚ 「……易者、三聖之所以教人……五經特是爲深矣……因欲作《易論》十篇。然非汰思慮，旬月間不可以措筆。」見前引書，頁 298-99。

㉛ 「是年入京……會貢舉罷，遂歸。」見前引書，頁 497。他可能是在 1037 年自開封回家，參加了鄉試，不利，又跑到鄱陽去看范仲淹。見前引書，景祐四年條。

㉜ ＜年譜＞說＜鄧公儀傷辭＞作於 1038 年，而＜辭＞中提到他自己將西游。「公儀死前百餘日，予將西游……及其歸也而公儀葬矣。」見前引書，頁 362。

㉝ 當然他也可能在旅遊途中寫，不過我懷疑這可能。

㉞ 見本書，頁 56。

㉟ 見本書第二章(86)及(88)。

㊱ 有關此三十策之內容與性質，見本章，頁 58-60。

㊲ 見本書第二章，頁 23-26。

㊳ 即《野記》，見《李覯集》，頁 228。

㊴ 這兩個主題是：(1)不要被虛榮心迷住了心竅，以致忽略了眞正的需要；(2)每一件物都有它的合適地位：違背這規律就會帶來災難。見前引書。

㊵ 見前引書，頁 286。

㊶ 見前引書，頁 294。

㊷ 1049 年，范仲淹向朝廷推薦李覯時，曾把李覯送給他的一些文章附在奏摺裏面，其中有一篇就是《易論》。由於李覯在 1037 年寫給范的信裏沒有提到《易論》，我們敢於推斷，《易論》是李在 1037 年以後才寫好的。

㊸ 「易曰：『閑有家，悔亡。』」見前引書，頁 222。

㊹ 他當時指出君主應該掌制定政策及命令之權，同時在生死攸關問題

上要堅定。「君爲君焉，主政令，必生殺，不得不從矣。」見前引書，頁 10。

㊺ 「大宋受命將百年矣」，見前引書，頁 143。

㊻ 「國家積德累仁，爲之百年矣。」見前引書，頁 152。此外，李常自稱「愚」，一個老年人慣用的字，也能給人錯覺。

㊼ 「覯排浮屠固久，於《潛書》、於<富國策>人皆見之矣。豈期年近四十，氣志益堅之時而輒渝哉？」見前引書，頁 322。<答黄著作書>據陳次公說，作於 1047 年。見前引書，頁503，「慶曆七年」條。

㊽ 「曾充茂才，有<富國>、<安民>、<強兵>三策……及退居，爲《周禮致太平論》並序五十一首……。」見前引書，頁 486。

㊾ 「先生以康定二年試制科，則此策必作於是年。」見前引書，頁 497-98，寶元二年條。

㊿ 見胡適，前引書，頁 36。

51 「…… 戎心怙亂，阻我王命。師興三歲，未獲振凱。……元元無知，頗或愁怨，而西方尤甚矣。」見前引書，頁 152。

52 「元昊寇邊，狄青等敗之。」見《備要》卷 10，頁 51-52 。

53 「至於蠻夷之國，舟車所通，竊我泉貨，不可不察。古之人曰：『錢者，亡用器也，而可以易富貴。』富貴者，人主操柄也。果愼斯術，則操柄無失而群下服從，有國之急務也。」見《李覯集》，頁 147。

54 「慶曆元年夏五月，嚴銅錢出界法，一貫以上，爲首者死。」見《備要》卷 11，頁 23。又見《續長編》卷 132，頁 1。

55 李覯於 1055 年 8 月寫信給富弼，信上稱富爲相公，而富弼是於至和二年六月戊戌由昭文館大學士宣徽南院使判并州擢升爲戶部侍郎平章事的。見《李覯集》，頁 305-307;《續長編》卷 180，頁 7上。從這件事例推斷，消息由京師傳到李覯的家鄉可能要花一個月或兩個月時間。

56 他敦促宋朝政府恢復平糴制——政府在秋收時把鄉間多餘的穀物購買進來，然後在次年春天以便宜價格賣給需穀的人；授官階給積極從事社會賑濟的善士；把市面上的惡錢收回鑄銷。見《李覯集》，頁142-46。

57 李覯認爲政府應該允許商人買賣鹽和茶，同時不必付太重的稅。見《李覯集》，頁 147-48。

58 這些論點將在第六章裏詳細討論。見本書，頁 127-130。

59 見《李覯集》頁 499。

60 見<慶曆民言三十篇序>，《李覯集》，頁 229。

61 我覺得祖的讚譽也許有一點點應酬的成份在內。

62 「《慶曆民言》皆極當時之病，眞醫國之書耳。使今相天子宰天下者聞其言而行之，何憂乎獯粥？何患乎拓跋氏邪？」見《李覯集》，頁 478。

63 見《李覯集》，頁 239-40。

64 如果我們把序也加進去，便成爲五十一篇。

65 見《李覯集》，頁 499。

66 「時又有《周禮致太平論》十卷孤行焉。皇祐四年……。」見《李覯集》，頁 269。

67 「嘗著《周禮致太平論》十卷。此乃愚心所自喜，可以備乙夜之觀者。節下幸問焉，當獻其稿。」見《李覯集》，頁 313。

68 「臨終無他言，獨執次公手以<明堂制圖>爲託。」見《李覯集》，頁 487。

69 我讀了《慶曆民言》及《周禮致太平論》這兩系列文章的序以後，覺得《慶曆民言》寫作在先，《周禮致太平論》在後。這和年譜裏介紹兩文的次序(見《李覯集》，頁500）不同。我的理由如下：當李寫《慶曆民言》時，他的情緒是很低落的。他擔心他可能會死，而死時對當時社會並無裨益。見《李覯集》，頁 229。這通常是一個人失意時的心態，而李在1042年確實是沒有通過制科考試。可是當他寫《周禮致太平論》時，他又顯得野心勃勃了。他的寫作目的不僅僅是解釋一本經典著作而已，而且還有別的意圖。「噫！豈徒解經而已哉?!唯聖人君子知其有爲言之也。」見《李覯集》頁67。他並沒有說明他的目的，但他顯然已從低落的情緒中跳出來。時間上，這多半是離他考試失敗之後更遠的一段時間。我的猜測是1043年下半年。

70 見《李覯集》，頁 86。

71 見<刑禁>第二，《李覯集》，頁 97-98。

第四章　折衷持論的政治思想家

當我把李覯的所有文章都看完並排比審核以後，我發現他在1030 年代後期在思想上有一個轉變。1038 年以前，他主要是一位儒家；1039 年以後，他的著作裏逐漸顯出法家學說對他的影響，雖然他仍然還保持了許多儒家的價值觀。

這裏我想先把「儒家」及「法家」兩個主要觀念交代一下。通常我們所說的「儒家」及「法家」思想，都各有他們一套含容很廣的立場，而這些立場中有些是不約而同的。可是，就他們立場的重點而論，他們彼此之間還是有相當明確的差異。這些差異在很多方面透現出來——諸如他們的政府目的論、帝王地位論、帝臣關係論，以及帝民關係論等。

大體上儒家認爲成立政府的目的在於促進老百姓的福利，而促進福利的關鍵在於提昇老百姓的品格❶。這一個信念本身是以「老百姓的品格是可以雕塑的」這一信心爲出發點的❷，老百姓會被名利所引誘❸，可是這些引誘可以透過道德敎誨加以抗拒或克服❹，有些人甚至願意爲一些道德原則犧牲他們的生命❺。

儒家認爲帝王在國家體制中扮演了一個不可或缺的角色❻。他們覺得帝王應該被尊寵；有一位儒家大師甚至於說帝王應該獲得國境內最好的一切來滿足他的耳、目、和口欲❼。不過這一切享受都是有條件的，而且都是手段。老百姓期待他們的帝王為他們提供生活上的必需品[8]，如果一個帝王無法做到這點，那麼他不僅會為自己招來恥辱，還可能會喪失權位與性命[9]。

由於帝王所需要照顧的事務太多而且各種事務輕重不同，同時又由於帝王的時間與精力都有限，因此有些儒家大師主張帝王應該集中精力處理軍國要務[10]，而把其他一切委託他的卿相去辦理。卿相的選擇，特別是宰相的人選，於是就成為最要緊的任務[11]。一旦選定了僚屬，帝王就應該依賴本身的德性來統御他們，開誠佈公、正直、誠懇與公正是其中的一些德性[12]。

最後，儒家認為老百姓在政治上扮演了一個雙重角色。他們一方面為國家提供了稅收和勞役，另一方面是以國家主權人的姿態出現，接受政府所提供的服務，並且享有反抗邪惡政府措施的權利[13]。

法家的哲學在許多重要點上與儒家不同。他們的最終目的在於成立一個平等社會（在這樣一個社會裏，不管各人的天賦如何，都能平等生活）[14]，而他們常常提到的主要近程目的，卻僅僅是農耕和戰爭，其他種種活動都是次要的[15]；他們認為道德價值是過時貨，而且毫無用處[16]。

法家隆君，可是，他們隆君的態度與儒家不同。儒家隆君是有條件的，而且把它當作一種手段；法家就趨向於把隆君當作一種目的。當然，法家的帝王也試着為老百姓提供生活上的必需品[17]。可是，如果一個帝王無法做到這一點，法家並不主張老百姓去催促他做到。

跟《荀子》一書裏的提議一樣，法家也勸帝王只注意軍國大事[18]，可是他們對帝臣之間的關係抱非常悲觀的態度。他們認為所有臣僚的動機是無可避免的自私，因此建議帝王對他的臣僚時刻加以嚴密防備[19]。帝王必須用許多體制上的措施削奪臣僚危害他的能力[20]。同時要以懲罰和獎勵來作爲控制臣僚的兩大工具[21]。

法家的帝民關係論也非常缺少人情味。其次，他們的論調很講究威權。他們建議帝王和老百姓之間的接觸必須透過法令和官吏[22]，同時假定老百姓的是非觀念是低劣的[23]。他們把決定大事的權全部劃歸帝王，即使是有關老百姓自己生計的事也不例外[24]。在帝王和老百姓之間，前者的權力是絕對佔優勢的。

有了上述的簡介作背景，我們現在可以進一步分析李覯的政治思想了。我將特別注意下面兩點：1039 年以後，李覯的政府目的論有沒有改變？他對帝王的觀念是否還是和以前一樣？

一、政府的目的在於促進百姓福利

1030 年代早期，當李覯沉緬於儒家思想時，他很明顯地是附和儒家的政府目的論的。他覺得成立政府的目的在於促進老百姓的福利。

> 左右奉養，被服教戒，子非尊於母也。勉征膳，聽誅殺，民非貴於君也。母以有子而尊，君以有民而貴。無子無民，母出君滅。……天之於立君，命之以符瑞，無民而滅之者，不以天下之大私一人也。……倚君之貴而不能愛民，國之喪王也[25]。

百姓的福利中最主要的是生命的維持。換句話說，他們的日常所需必須充足。他們必須有足夠的糧食。

生民之道食為大……食不足，心不常，雖有禮義，民不可得而教也。堯舜復起，末如之何矣㉖。

老百姓也必須有房屋可住；「夫治民必先定其居處而後可使之樂業也」㉗。

「政府的目的在於促進百姓福利」，並不是說百姓可以坐享其成，而完全由帝王及官吏來設法滿足他們的需要。這是不可能的。老百姓必須自己謀生，而天（人的創造者）也爲每一個人準備好謀生的條件；

天生民而胙之畎畝，其庳則手於工，足於商，為有益於人而後食其報；不然，父母不得私其子，放諸餓莩而已矣㉘。

卽使在 1039 年以後，李覯的政府目的論似乎也不曾改變過㉙。譬如說，他在1041 年還主張帝王是爲百姓福利而活的：「立君者，天也；養民者，君也。非天命之私一人，爲億萬人也」㉚。可是，就他對帝王的態度而論，他顯然從法家那裏借用來許多觀念。

二、對帝王及政府看法的改變

1030年代初期，李覯顯然是站在老百姓這一邊，而不是站在政府那一邊。他很明白，政府（特別是帝王）是有權的，是可畏的。舉例來說，帝王擁有將和兵；相比之下，老百姓對他們似乎是無計可施。可是李覯覺得這種權力優勢基本上是職務性的，而且擁有它之前有許多基本假設。假設之一是帝王本身好好地履行他的責任。如果帝王犯了嚴重錯誤以致民不聊生，那麼武裝部隊按理就應該停止執行他的命令，他的職務性權力優勢便會消失。李覯這種想法的含義是老百姓最後有反抗權：

> 天之制兵革，其有意乎？見其末者曰：為一人威一人。生民病傷，四海冤叫，湯武之為臣，不得以其斧鉞私於桀紂㉛。

從 1039 年起，李覯對政府的看法改變了。他現在認爲帝王是最關心國運的一個人㉜。即使帝王本身並不很識大體，他的動機還是純正的：「昏主非不愛其國，不得其守國之術也」㉝。

不但帝王的動機必需肯定，他的地位也是不可侵犯的。大臣即使有正當理由要帝王聽從他的判斷，也必須警惕他這麼做是否有危險：「夫臣制其君，雖正近危」㉞。

李覯認爲帝王在執行他職務時，必須有他自己獨立的判斷。他不應該被他的臣僚壓服。「人君在位尚不能獨斷而牽於臣下，權時則可矣，以之爲常，則非君之道也」㉟。

帝王也不應該爲了討好百姓而放棄他自己的判斷:「日月之行則有冬有夏;月之從星則有風雨,謂政治不可偏從民欲耳。彼有沮之,則不計利害大小而遽改,是終不斷也」[36]。

就統御術而論,那麼帝王應該用法令來統率人民,而不依賴他本身的榜樣:「民之所從,非從君也,從其令也。君之所守,非守國也,守其令也」[37]。

法和令有許多特徵,其中之一是公正。任何犯了法的人,不管他政治上的官階、社會上的地位,都應該接受法律所規定的懲罰。「法者,天子所與天下共也。……如使同族犯之而不刑殺,是爲君者私其親也;有爵者犯之而不刑殺,是爲臣者私其身也……故王者不辨親疏,不異貴賤,一致於法」[38]。

其次,法律必須嚴格執行。如果犯法的人應該接受一種懲罰,那麼他就必須受到懲罰,並且不容許贖罪[39]。這種作法是必須的,因爲只有靠執行法律,才能切實控制犯罪案。

> 刑罰之行尚矣,積聖累賢未有能去者也。非好殺人,欲民之不相殺也;非使畏己,欲民之自相畏也[40]。

總之,是「刑期無刑」[41]。

談到人事管理,李覯現在贊成「以德詔爵、以功詔祿、以能詔事」的原則[42],而這原則是從《周禮》那兒借用過來的[43]。這些原則其實又可以追溯到《荀子》這本書[44],而《荀子》裏面的記載或許可以更遠溯到法家的用人原則(使官員的職務與他的實際工作表現相稱)上去。這一原則極可能是由申不害首創的[45]。

一般說來,儒家對農民福利的關心比對手工藝人及商人要多,但是他們從來不曾主張要政府出面來積極地規範百姓的職業。法家不同，他們鼓勵政府干涉百姓的經濟生活；在這一方面，1030年後期的李覯顯然是接受了法家的看法。1041年，他建議政府出來調配百姓，使他們能配合政府的目標，以便能增加來自土地的收益：

> 今將救之，則莫若先行抑末之術，以毆游民；游民既歸矣，然後限人占田，各有頃數，不得過制。游民既歸而兼幷不行，則土價必賤；土價賤，則田易可得；田易可得而無逐末之路，冗食之幸，則一心於農；一心於農，則地力可盡矣[46]。

最後，李覯覺得政府應該擴大它在一般老百姓的經濟生活中的活動，以便幫助窮苦的人同時抑制富人對窮人的剝削。的確，政府在經濟領域裏的干涉，從人道觀點看，是必須的：

> 天之生物，而不自用，用之者人；人之有財，而不自治，治之者君。……君不理，則權在商賈；商賈操市井之權，斷民物之命。緩急，人之所時有也，雖賤不得不賣，裁其價大半可矣；雖貴不得不買，倍其本什百可矣。如此，蚩蚩之氓，何以能育[47]？

很明顯地，1039年以後，李覯的政府目的論並未改變，可是他從法家那裏借用了很多觀念，諸如帝王的地位、權力和統御術，以及政府的活動範圍。

不過這種借用並不是毫無限度的。譬如說，李覯並沒有附和法家的不信臣僚論，而不信論是法家哲學中的一個基本成分。「人主之患，在於信人；信人則制於人」[48]。「人主不親觀聽而制斷在下，託食於國者也」[49]。

特別值得提出來的是：在贊成帝王應該信任臣僚這論點的時候，李覯對於授權他人的危險有充分的了解。他這種立場恐怕是由於他潛意識裏早就有了儒家的信念：

> 夫古先哲后於王業亦艱難矣。安不忘危，其心亦至矣。豈故欲示人以利器，成人以威柄，以天下之命屬之於一臣哉？蓋任賢之道不得不然也[50]。

李覯之所以在態度上和法家不同，是因爲他並不附和法家的人際關係悲觀論。法家相信帝王與他臣僚雖然在功能上講同屬於統治階層，雙方的動機卻是自私的，因此他們之間的合作最多不過是暫時性的：

> 故君臣異心。君以計畜臣，臣以計事君。君臣之交計也。害身而利國，臣弗為也；害國而利臣，君不為也[51]。

臣僚不僅拒絕爲他們的主上犧牲，而且不放棄任何圖謀他們主上的機會。他們這種陰謀之所以不公開，並不是因爲他們不想，而是因爲他們的組織能力不夠：「黨與之具，臣之寶也。臣之所不弒其君者，黨與不具也」[52]。

由於法家認爲帝王與臣僚之間無法產生互信，因此他們很自然地建議帝王控制他自己的感情，這樣他就不致於對任何人表示太多的親切:「愛臣太親，必危其身」[53]。就帝王與臣僚的公事交接來說，帝王應該把臣僚該做的事以及不該做的事用白紙黑字寫下來，同時嚴密注視他們的確遵守了這些規定:「明主使其羣臣，不遊意於法之外，不爲惠於法之內，動無非法」[54]。如果有些情況還沒有立法度，那麼帝王就應該以「臣僚的實際行爲是否脗合他們當初的判斷與許諾」來作爲衡量功過的標準:「刑名者，言與事也。爲人臣者陳其言，君以其言授之事，專以其事責其功」[55]。

由於法家認定每一個人都是自私的，因此他們絕不相信任何人會志願提供服務。他們依靠獎賞和懲罰來博取別人的貢獻:「明主之所導制其臣者，二柄而已矣。二柄者，刑德也。何謂刑德？曰:『殺戮之謂刑，慶賞之謂德』」[56]。

其次，他們堅持，爲了使帝王能有效地運用他的制人法寶，刑德必須適用於國境內所有的人。一旦破例，帝王的權和威就會受損:

> 賞之、譽之，不勸；罰之、毀之，不畏。四者加焉，不變，則除之[57]。
>
> 有土之君說人不能利，惡人不能害，索人欲畏重己，不可得也[58]。

李覯雖然也相信規範的適用不應該有例外[59]，在這節骨眼上他卻不跟着法家跑。他覺得道德信念遠比賞罰來得可靠:

> 有賞罰而無禮義，安則可，非濟危之具也。誘之以賞，利

> 有厚於賞者；脅之以罰，禍有大於罰者。利厚於賞，則去賞；禍大於罰，則就罰。……學以禮，行以義，交游之讐尚復之，況君乎？杯酒失意尚死之，況國乎[60]？

三、李覯改變想法的原因

李覯雖然不曾在 1039 年以後與法家全面認同，他之曾經從法家思想中借用許多觀念卻是無可爭論的。我們想知道他爲什麼那麼做。

也許我們可以在儒家和法家思想的基本性質裏找到一部份答案。儒家的道德路線聽來很高貴、很有價値，可是它到底是否很實用，就很難說了[61]。歸根結底說來，政府必須照顧大多數老百姓，而他們似乎只肯向法令和刑罰低頭。正像法家所說，孔子的一生遭遇，可以拿來說明，以美德來影響別人的行爲是多麼無效？

> 仲尼，天下聖人也，修行明道以遊海內。海內說其仁，美其義，而為服役者七十人，蓋貴仁者寡，能義者難也。……魯哀公，下主也，南面君國，境內之民，莫敢不臣[62]。

李覯對於儒法兩家學說的優劣都很淸楚。由於他畢竟還是個儒家學者，他希望通過借用法家的一些觀點來使儒家的學說更完備一點。

李覯的改變當初心意，也可能是因爲他對一般老百姓的信任度不夠。他對他們究竟有多少發展潛能沒有充分信心[63]。早在

1030 年代前期，當他還是一個對儒家有十足信心的學生，他就不曾強調儒家的一個要點：一般老百姓可以而且應該追求一個比物質享受、名譽、官位、甚至生命還可貴的層次。這一點在《孟子》和《荀子》這兩本書裏都曾被明白地闡釋過。《孟子》裏有這麼一段話：

> 由是則生而有不用也，由是則可以辟患而有不為也。是故所欲有甚於生者，所惡有甚於死者。非獨賢者有是心也，人皆有之，賢者能勿喪耳[64]。

由於李覯從來不曾強調這一點，這就難怪他在 1039 年以後會覺得《韓非子》和《管子》裏面「帝王不應相信老百姓的判斷」的話是中聽的[65]。這麼一來，帝王強制領導與政府揷手經濟便成爲順理成章的事了。

在所有許多原因裏，最直接的引導李覯在 1039 年以後傾向法家的，恐怕是西夏在 1030 年代後期對宋朝所發動的侵略。

西夏在 1030 年代初期還與宋朝保持良好關係。可是，當元昊繼他父親之後擔任西夏國君（時在 1032 年 11 月），情況便改變了。1034 年上半年，他的部隊好幾次攻打宋朝領土[66]，他自已本人也在 1038 年12月正式叛宋[67]。宋政府於是取消了邊市[68]也撤掉了他的一切官銜[69]。可是，它無法擊敗西夏的軍事進攻。1040 年 1 月和 9 月[70]，以及 1041 年 2 月[71]，夏宋之間一共有三次大規模軍事行動，宋朝連續敗了三次。宋軍的許多軍官不是被俘便是被殺；成千上萬的士兵也死難了。宋朝全國上下都爲軍事失利沮喪不已，大家都覺得危機已來臨，而關心國是的人都急切地希望已經惡化了的軍事情況能夠轉危爲安[72]。

作爲一個關心國家前途的學者，李覯一定也急切地盼望宋朝能打勝仗。他也許渴望能爲當時狀況找到一個有效的補救辦法。崇高壯麗的儒家觀念也許就被他暫時放到一邊；法家的學說於是對他發生了巨大的魅力。由於他從來不曾明白地表示過他對老百姓的道德潛能有信心（也就是相信他們能攀越到一個較高的道德層次），同時由於他現在比較現實，他對接受法家的「強硬、有力統御論」說法毫不感到猶豫。

* * * * *

雖然兩者之間有共通點，儒家和法家的哲學就大方向來說，還是很不一樣的。有些地方，它們甚至彼此互不相容。儒家以老百姓福利作爲政府的主要目標，而法家是以農戰作爲他們的近程目標。兩家學者都覺得帝王很重要，可是它們的統御論彼此不同。儒家覺得政治主要是一個道德提昇過程，因此強調以身作則，而法家是依賴法令作爲統治工具。他們的着眼點是有效性，同時，由於他們對人性的看法很悲觀，他們強調強制統御。

1030 年代早期，李覯基本上響應了儒家的哲學。可是，也許主要是受到 1038 年西夏侵略的影響，他開始借用法家的學說，特別是有關帝王及政府的職務的論調；不過他的政府目的論還是跟以前一樣：百姓的福利還是第一位。同時，他對人性的看法從來沒跟法家一樣悲觀。

因此，李覯的借用是有選擇性的。他仍然保持了許多基本的儒家價值。從某一個角度看，他也許可以被看作一位有創造性的儒家學者——他嘗試着把法家及儒家的哲學綜合起來，以便使儒家哲學能應付國家危機，而他所用的方法，是以儒家的價值作爲基本的架構，然後把法家的學說附加到這架構上去。當然，「李覯的努力究竟是否已經成功」是一個見仁見智的問題。對李覯本人來說，他所作的綜合爲他自己提供了一個衡量當前宋朝社會各種問題的一個理論背景。他是一位誠心誠意的社會評論者。有關他在這方面的見解，我將在本書第六章裏討論。

現在我打算先檢驗一下他年青時所寫的作品。這些作品偏重於理論方面。我想指出他作爲一名理論性的儒家學者所做的一些革新。

附 註

❶ 「政者正也」，見《論語》<顏淵>第十二。「其身正、不令而行……」見前引書<子路>第十三。

❷ 「上好禮，則民莫敢不敬；上好義，則民莫不敢不服；上好信，則民莫敢不用情。」見前引書。「君者儀也，儀正而景正；君者槃也，槃圓而水圓；君者盂也，盂方而水方。」見王先謙，《荀子集解》第八，頁 4。「上好羞，則民闇飾矣；上好富，則民死利矣。」見前引書，第十九，頁 12。

❸ 「子曰：『富與貴，是人之所欲也。」見《論語》<里仁>第四。「富，人之所欲……貴，人之所欲……。」見《孟子》<萬章>章句上。「孟子曰：『欲貴者，人之同心也。』」見前引書<告子>章句上。「夫貴爲天子，富有天下，是人情之所同欲也。」見王先謙《荀子集解》第二，頁 23；另見第七，頁 11；第二，頁 18；第四，頁 21。

❹ 「義與利者，人之所兩有也，雖堯舜，不能去民之欲利，然而能使其欲利不克其好義也。」見前引書第十九，頁 11。

❺ 「生亦我所欲也；義亦我所欲也；二者不可得兼，舍生而取義者也。」見《孟子》<告子章句>上第十節。

❻ 「陳成子弒簡公，孔子沐浴而朝告於哀公曰：『陳恒弒其君，請討之。』」，見《論語》卷 14<憲問>第二十二節。「人莫大焉亡親戚君臣上下……」見《孟子》<盡心>章句上，第三十四節。「君臣、父子、兄弟、夫婦，始則終，終則始，……夫是之謂大本。」見王先謙《荀子集解》卷 5，頁 11。

❼ 「爲人主上者，不美不飾之不足以一民也……故必將撞大鐘、擊鳴鼓、吹笙竽、彈琴瑟以塞其耳目……必將雕琢刻鏤、黼黻文章以塞其目，必將芻豢稻粱五味芬芳以塞其口……。」見王先謙《荀子集解》卷 6，頁 9。

❽ 「明君制民之產，必使仰足以事父母，俯足以畜妻子，樂歲終身飽，凶年免於死亡……」見《孟子》<梁惠王>章句上第七節。

❾ 「賊仁者謂之『賊』，賊義者謂之『殘』。殘賊之人，謂之『一夫』。聞誅一夫紂矣，未聞弑君也。」見《孟子》<梁惠王>章句下第八節。「天下歸之之謂王，天下去之之謂亡。故桀紂無天下，而湯武不弑君……」見王先謙《荀子集解》卷 12，頁 3上。又見同前書卷 6，頁 6 下。

❿ 「王道治近不治遠，治明不治幽，治一不治二……明主好要而闇主好詳……」見王先謙《荀子集解》卷 7，頁 16 下。

⓫ 「君者論一相……相者論列百官之長，要百事之聽，以飾朝廷臣下百吏之分……故君人勞而索之，而休於使之。」見前引書，頁17上。

⓬ 「上端誠則下愿愨矣，上公正則下易直矣。治辨則易一，愿愨則易使。易直則易知，易一則彊，易使則功，易直知則明，是治之所由生矣。」見前引書，卷 12，頁 1 下。見同書卷 15，頁 17 上。

⓭ 「今燕虐其民，王往而征之，民以爲將拯己於水火之中也，簞食壺漿以迎王師。」見《孟子》<梁惠王>章句下，第十一節。又見第八節。「桀紂非去天下也；反禹湯之德，亂禮義之分，禽獸之行，積其凶，全其惡，而天下去之也」。見王先謙《荀子集解》卷12，頁 3 上。又見卷 6，頁 6 下。

⓮ 「民不越鄉而交，無百里之慼。貴賤不相踰，愚智提衡而立，治之至也。」見王先愼《韓非子集解》卷 2，頁 4 上。

⓯ 「國待農戰而安，主待農戰而尊。」見《商君書》卷 1，頁 9 下。

⓰ 「詩書禮樂善修仁廉辯慧……國去此十者，敵不敢至；雖至必卻……興兵而伐必取，按兵不伐必富。」見前引書頁10上。「夫仁義辯智，非所以持國也。」見王先愼《韓非子集解》卷 19，頁 3下。

⓱ 「聖人……治國也正明法，陳嚴刑，將以救群生之亂，去天下之禍，使強不陵弱，衆不暴寡，耆老得遂，幼孤得長，邊境不侵，君臣相親，父子相保，而無死亡係虜之患……。」見王先愼《韓非子集解》卷 4，頁 18下 。

⓲ 「聖人明君者，非能盡其萬物也，知萬物之要也。故其治國也，察要而已矣。」見《商君書》卷 1，頁 10下；又見卷 3，頁 11 下。「事在四方，要在中央。聖人執要，四方來效。虛而待之，彼以自之。」見王先愼《韓非子集解》卷 2，頁 10 上。

⓳ 「君臣異心：君以計畜臣，臣以計事君。君臣之交，計也。害身而

利國，臣弗爲也；害國而利臣，君不爲也。」見前引書卷 5，頁 16。又見卷 2，頁 15，頁 9；卷 4，頁 5；卷 10，頁 1。

⑳ 「術者，因任而授官，循名而責實，操殺生之柄；課群臣之能者也。此人主之所執也。……君無術則弊於上，臣無法則亂於下。此不可一無，皆帝王之具也。」（<定法>第四十三）。見前引書卷 17，頁 7下 。

㉑ 「明主之所導制其臣者，二柄而已矣。二柄者，刑德也。何謂刑德？曰：『殺戮之謂刑，慶賞之謂德。』爲人臣者，畏誅罰而利慶賞，故人主自用其刑德，則群臣畏其威而歸其利矣。」（<二柄>第七），見前引書卷 2，頁 6下，頁 7 上。

㉒ 「有道之主，遠仁義，去智能，服之以法。」（<定法>第四十三），見前引書卷 17，頁 10 上。「明主治吏不治民。」（<外儲說>右下第三十五），見前引書卷 14，頁 2 上。

㉓ 「愚贛窳惰之民苦小費而忘大利也。」見前引書卷5，頁 10 上。

㉔ 「聖人之治民度於本，不從其欲，期於利民而已。……治民者禁姦於未萌……禁先其本者治。」（ <心度>第五十四），見前引書卷 20，頁 7 下，頁 上 8。

㉕ 見《李覯集》，頁 216。這文章寫於 1031 年，其中意思可能是因爲念了《荀子》或《愼子》而引發出來的。「天之生民，非爲君也。天之立君，以爲民也。」（<大略>篇第二十七）見王先謙《荀子集解》，卷 19，頁 12 下。「古者立天子而貴之者，非以利一人也……立天子以爲天下，非立天下以爲天子也。立國君以爲國，非立國以爲君也……」見《愼子》<威德>篇。

㉖ 見《李覯集》，頁 183。這文章寫於 1036 年。《管子》曾強調食的重要。這可能是李覯獲得這主意的出處。「五穀食米，民之司命也。」見《管子》<國蓄>第七十三，卷 22，頁 4 上，頁 15 上；卷 23，頁 7 下；卷 24，頁 3。「充分的生活條件是道德教育的前提」這主意見於《孟子》及《管子》。「養生喪死無憾，王道之始也。」「省刑罰，薄稅斂，深耕易耨，壯者以暇日修其孝悌忠信…… 。」「明君制民之產，必使仰足以事父母，俯足以畜妻子，樂歲終身飽，凶年免於死亡；然後驅而之善……。」見《孟子》<梁惠王>章句上，第三，五，及七節。「凡有地牧民者，務在四時，

守在倉廩。……倉廩實，則知禮節；衣食足，則知榮辱。」見《管子》<牧民>第一。

㉗ 見《李覯集》，頁 200。這文章寫成於 1036 年。

㉘ 見《李覯集》，頁 222-23。這文章寫於 1038 年。看來李那時已經受到法家思想影響了。他對非農業的其他職業有了成見，而他的「無益於人者不得食」的看法似乎較像法家，而不像儒家。

㉙ 李覯有兩系列文章(即<富國>及<強兵策>)也許會使人覺得，他已深深地受到法家影響,因爲富國和強兵一向是法家學者的主題。經過仔細檢查以後,我覺得李在寫那兩系列文章時,他是循著《荀子》的思路在走。「富國」這兩個字事實上與《荀子》的<富國篇>篇名脗合。兩篇文章的內容也很相似。<富國策>的主題是：治國時，政府應該有足够的財政收入。該策的內容，百分之九十是在列述政府可以採取的各種特定的農業、財政以及社會政策，以求獲得財政充裕的目的。見《李覯集》，頁133-150。這和《荀子》<富國>篇的上半段內容是相同的。見王先謙《荀子集解》卷 6，頁 1-4。<強兵策>的「強兵」兩字可能是從《荀子》的<議兵>篇第十五那兒借來的，因爲那兩系列文章的內容也很相似。李覯在<強兵策>裏討論了三個主題，即：軍事在一國中的功能，君主與將帥之間的關係，以及宋朝應該採取的防禦策略。就內容說，李覺得軍事上的考慮必須次於道德上考慮；君主應該全心全意地信任將帥；以及宋朝的皇帝應該指派一名官員專門監督兵器的製造。見《李覯集》，頁 151-152，頁 158-163。這些主題恰好是《荀子》<議兵>篇第十五的內容。見王先謙《荀子集解》卷 10，頁 11，頁 5-9。兩者之間的不同點是：《荀子》的<議兵>篇第十五涵蓋的內容較廣，而李覯在處理第二及第三主題時談得較細。

李覯之所以用「強兵」而不用「議兵」作題目，可能是因爲他想避免完全抄襲《荀子》。雖然「強兵」與《商君書》裏的「兵強」有相似處，後者卻不是李覯的<強兵策>的出處。這可以由兩位作者用字的方法上看出來。在《商君書》裏，「強」一直是個形容詞。其次，「兵強」兩字不是當主詞用，便是當「如果……則……」這種假設片語的受詞用。「爲國而能使其民盡力以競於功，則兵必彊矣。」見《商君書》卷 3,頁 4上。「行賞而兵彊者,爵祿之謂也。」

見前引書，頁3下。在《荀子》及李覯的策裏，「兵」一直是一個副詞片語的受詞或片語的一部份，而這片詞是用來形容一個動名詞的。

㉚ 見《李覯集》，頁 168。這文章寫於 1041 年。

㉛ 見前引書，頁 217。這文章寫於 1031 年。我相信李是從《孟子》及《荀子》這兩本書裏引申出這主意來的。「爲湯武毆民者，桀與紂也。」見《孟子》<離婁上>第十節。「湯武者，民之父母也；桀紂者，民之怨賊也。」（<正論>篇第十八）見王先謙《荀子集解》卷 12，頁 3 下。

㉜ 就「把君主視爲公利的最可靠維護人」這一點來說，李覯的敏悟力似乎是與一般人不同的。宋朝的官吏並不眞正向百姓負責。他們也不是任何一個階層的代表。他們有升官的野心，而君主則對失政最關心，因爲失政可能使他去位。

㉝ 見《李覯集》，頁 231。這文章寫於 1043 年。在別一場合，李覯還說過，君主都希望他治下的百姓旣富且壽，也希望能重用有操守、有能力的人，而把不能幹的官吏辭退。「爲國者未有不欲其民富且壽矣……」見前引書，頁 174 。這句話寫於 1041 年。「爲人上者孰不欲進賢而賢或不進；孰不欲退不肖而不肖或不退。」見前引書，頁 103。這句話寫於 1043 年。這些意見與《管子》及《荀子》裏的話很相像。我相信李是從那兩部書裏獲得靈感的。「富貴尊顯，久有天下，人主莫不欲也； 令行禁止， 海內無敵， 人主莫不欲也；蔽欺侵凌，人主莫不惡也；失天下，滅宗廟，人主莫不惡也。」見《管子》< 明法解 >第六十七，卷 21，頁 15上。「爲人主者莫不欲彊而惡弱，欲安而惡危，欲榮而惡辱……。」（ <君道>篇第十二），見王先謙《荀子集解》卷 8，頁 8 上。

㉞ 見《李覯集》，頁31。這文章寫於 1039 年。這兒李覯和《荀子》的作者在想法上有了距離。後者認爲，只要他的行爲最後於君主及國有利， 雖然他得強制君主甚且制服他， 這一位大臣仍然是忠心的。「有能比知同力，率群臣百吏而相與彊君撟君，君雖不安，不能不聽，遂以解國之大患，除國之大害，成於尊君安國增之輔；有能抗君之命，竊君之重，反君之事，以安國之危，除君之辱，功伐足以成國之大利，謂之拂。故諫爭輔拂之人，社稷之臣也，國君之寶也，明君所尊重也，而闇主惑君以爲己賊也。」（<臣道>篇第

十三)，見王先謙《荀子集解》卷 9，頁 3 上。

㉟ 見《李覯集》，頁 30。這一點和《韓非子》裏的警告很相似。「毋專信一人而失其都國焉！」(<揚權>第八)，見王先愼《韓非子集解》卷 2，頁 14 上。

㊱ 見《李覯集》，頁 236。這文章寫於 1043 年。我相信這意見可能是從《韓非子》那兒得來的。「聖人之治民度於本，不從其欲，期於利民而已。」(<心度>第五十四)。見王先愼《韓非子集解》卷 20，頁 7 下。

㊲ 見《李覯集》，頁 176。這文章寫於 1041 年。我們都知道，談到統御術時，法家是信賴法令多於信賴君主或官吏。「天下之樂有上也，將以爲治也。今有主而無法，其害與無主同。」見《商君書》卷2，頁13下。《韓非子》的作者有相同的看法。「釋法術而任心治，堯不能正一國。」(<用人>第二十七)，見王先愼《韓非子集解》卷8，頁 16 上。儒家則認爲在有德的領袖與良法之間作選擇時，應選前者，因爲他一定是比較重要的。「有良法而亂者有之矣，有君子而亂者，自古及今，未嘗聞也。」(<致士>篇第十四)，見王先謙《荀子集解》卷 9，頁10下。很明顯地，李覯現在是受到較多法家影響了。不過這並不必意味他已完全放棄爲民表率的統御法。

㊳ 見《李覯集》，頁99。基本上，這「法律前平等」的意見是重覆法家的立場。「法者君臣之所共操也……明主愛權重信而不以私害法，故多惠。」見《商君書》卷3，頁 12 上。《韓非子》裏有一個相似的看法：「法不阿貴……法之所加，智者弗能辭，勇者弗敢爭。刑過不避大臣，賞善不遺匹夫。」(<有度>第六)，見王先愼《韓非子集解》卷2，頁6上。不過，李覯在十一世紀上半葉說這種話，可能也是獨一無二的，雖然他並沒澄清君主與法律之間的確切關係。如果君主犯法，該怎麼辦？誰將去懲罰他？李覯沒有討論這種緊要問題。

㊴「鞭朴不可弛於家，刑罰不可廢於國……若曰有赦焉，有贖焉，是皆仁者之過也。」見《李覯集》，頁 179。李覯很快就指出法律應該隨環境而修改。譬如說，亂國必須用重刑，而新興之國則用輕罰。「刑新國用輕典……刑平國用中典……刑亂國用重典。」見《李覯集》，頁 96。不過這些意見都是從《周禮》那邊抄錄過來的。見

《周禮》卷 34，頁 13。

40 見《李覯集》，頁 96。「不赦免犯罪人的處罰」是典型的法家立場。《商君書》說:「聖人不有過、不赦刑。」見《商君書》卷4,頁9 上。這觀念由《韓非子》繼承了下來。「聖人之治國也，賞不加於無功，而誅必行於有罪者也。」（<和氏>第十三）見王先愼《韓非子集解》卷 4，頁20上。另見卷1,頁17下；卷 5,頁6下，頁 7上；卷19,頁4下,頁15下,法家爲他們的立場所作的辯護是帝王的動機——他確實愛他的子民；他並不嗜殺。他之要殺人是基於需要。「刑者，愛之自也。」（<心度>第五十四），見前引書卷 20,頁 8上。

41 這一種推理方式很可能是從《商君書》那兒借來的。「以刑去刑，雖重刑可也。」見《商君書》卷4,頁 10 上。《韓非子》裏有較詳細的解釋。「夫以重止者，未必以輕止也；以輕止者，必以重止矣。是以上設重刑者，而姦盡止。」（<六反>第四十六）見王先愼《韓非子集解》卷 18，頁 5 上。

42 見《李覯集》，頁 104。這文章寫於 1043 年。

43 見《周禮》卷 31，頁 1 下。事實上，李覯在 1041 年便接受了一個相同的原則，而這原則是從《禮記》那兒引用過來的。「司馬辯論官材，論定然後官之，任官然後爵之，位定然後祿之。」見《李覯集》，頁 170，《禮記正義》卷 13，頁 14。

44 《荀子》裏有一段與此處所論者最有關係。「德必稱位，位必稱祿，祿必稱用。」（<富國>篇第十），見王先謙《荀子集解》卷 6，頁3 下。又見卷 4，頁 7 下；卷 5,頁 8下；卷 8，頁 6下；卷 12，頁8 下。

45 見 Creel, *Taoism* pp. 92-105. 顧立雅曾爲申不害寫一本書，見本書尾之書目錄。李覯在1043年所寫的著作裏有一段可以反映出他已接受了這種「職務與工作表現相稱」的理論:「凡賢者、能者，皆先試以事；久而有功，然後授之以爵，得祿食也。」見《李覯集》，頁 104。李覯究竟從那一本書裏——申不害?《荀子》?《韓非子》？抑或別的書——得到靈感，不敢確定。不過在《韓非子》這本書裏，的確有許多地方在討論這種理論。見王先愼《韓非子集解》（<主道>第五）卷 1，頁21；（<二柄>第七）卷 2，頁 7

下；及（<揚權>第八）頁12；（<姦劫弒臣>第十四）卷 4，頁 16；（<定法>第四十三）卷 17，頁 7 下；（<六反>第四十六）卷 18，頁 6 下；（參言）卷 18，頁 18下；（<顯學>第五十）卷 19，頁 15 下。

㊻ 見《李覯集》，頁 136。這一段與《商君書》裏一段文字像極了。兩者都對農業以外的各種職業有反感，不過李覯並沒有像《商君書》的作者那樣貶學者：「國之所以興者，農戰也。」見《商君書》卷 1，頁 7 下。「明君修政作壹，去無用、止浮學，事淫之民壹之農，然後國家可富而民力可摶也。」見前引書，頁 12 下。

㊼ 見《李覯集》，頁85。這一段很可能是從《管子》那兒引用過來的。基於他對一般百姓的行爲觀察，《管子》的作者認爲君主應該主動地從事買賣。這種買賣表面上看來像是君主在牟利，最後的結果卻是爲公利。「夫民有餘則輕之，故人君斂之以輕；民不足則重之，故人君散之以重。斂積之以輕，散行之以重，故君必有什倍之利而財之橫可得而平也。」見《管子》<國蓄>第七十三，卷 22，頁 6 上。這一個建議是基於一個信念，即：如果政府不能及時行動，一般百姓就可能會成爲巨商大賈的俎上之肉。「歲有凶穰，故穀有貴賤；令有緩急，故物有輕重。然而人君不能治，故使蓄賈游市乘民之不給，百倍其本。」見前引書，頁 5上 。李覯贊成政府介入經濟活動。究竟我們是否應該因此把他劃被法家，便須依《管子》這書的分類爲準，而《管子》這書在性質上是極其雜的。不過「政府若不介入百姓的經濟活動，百姓便可能被大賈佔便宜」的想法，卻可以和法家輕視民智的立場連結起來。譬如說，法家認爲一般百姓的推理能力只能跟嬰兒相比：「民智之不可用，猶嬰兒之心也。」(<顯學>第五十)，見《韓非子集解》卷19，頁17下，頁18。這是因爲百姓「苦小費而忘大利。」(<南面>第十八)，見《韓非子集解》卷 5，頁10上。結果法家認爲，如果一個英明的君主想成就大功業，他應該積極去做，而不須先徵求百姓的意見。「論至德者不和於俗，成大功者不謀於衆。」見《商君書》卷 1，頁 1 下。最後一句話（難與慮始）正被李覯在一篇文章（寫於1041年）裏一字不漏地抄錄過來。見《李覯集》，頁 176。

㊽ 見（<備內>第十七）《韓非子集解》卷 5，頁 5下。W. K. Liao,

The Complete Works of Han Fei Tzu, 1: 145. 依《韓非子》的說法，人甚至不應信任他的妻兒。「以妻之近與子之親而猶不可信，則其餘無可信者矣。」見（＜備內＞第十七）《韓非子集解》卷5，頁 5 下。

49 見（＜八說＞第四十七）《韓非子集解》卷 18，頁 12上。Liao, 2:256.

50 見《李覯集》，頁 160。這文章寫於 1041 年。

51 （＜飾邪＞第十九）《韓非子集解》卷 5，頁 16 上。又見同書卷 2，頁 9 下；卷 4，頁 5 下；卷 10，頁 1 下。

52 （＜揚權＞第八）《韓非子集解》卷 2，頁 15 上。

53 （＜愛臣＞第四）前引書卷 1，頁 17 上。

54 （＜有度＞第六）前引書卷 2，頁 5 下。

55 （＜二柄＞第七）前引書卷 2，頁7下-8 上。我在前面曾提過，依照顧立雅教授的推斷，這一學說最初是由申不害創導的。

56 （＜二柄＞第七）前引書卷 2，頁 6下-7上。

57 （＜外儲說＞右上第三十四） 前引書卷 13， 頁 2 上。

58 （＜八說＞第四十七）前引書卷 18，頁 12 上。

59 這一句是我在翻譯時順著文氣及文理而加上去的。

60 見《李覯集》，頁 240。這文章寫於 1043 年。

61 由於正統觀念是政治安定的基礎，儒家學說自公元前一世紀開始，就一直替中國境內的各個政權提供了可貴的服務，因爲它是政治上正統觀念的根據。可是，光靠這觀念也無法保全一個政權。

62 （＜五蠹＞第四十九）《韓非子集解》卷 19，頁 4 下。

63 就他「選擇禮義而不選擇刑德來作爲統御百姓的方法」這一點而論，他對老百姓還是有信心的。總之，他是試著去綜合儒法兩家的學說。

64 見《孟子》＜告子章句上＞第十節。

65 李覯之所以有這種看法，也許是因爲他覺得，就他所處社會實況而言，百姓並不必然能實踐他們按理而論可能企慕的高尚抱負。

66 「（景祐元年春正月）趙元昊始寇府州；（閏六月）乙丑，府州言趙元昊自正月後數入寇。」見《續長編》卷 114，頁 3 下，頁 20 上。

67 「（十二月）丙寅，鄜延路都鈐轄司言，趙元昊反。」見前引書卷

122，頁 14 下。

⑱ 「（寶元元年十二月）甲戌，詔陝西河東緣邊舊與元昊界互市處皆禁絕之。」見前引書卷 122，頁 15 上。

⑲ 「(寶元二年夏六月壬午) 詔削趙元昊官爵，除屬籍……。」見前引書卷 123，頁 19 上。

⑳ 「（康定元年春正月……鄜延環慶副都部署劉）平……與（鄜延副都部署石）元孫皆被執……。」(九月乙丑) 西賊寇三川寨……官軍戰沒者凡五千餘人」。見前引書卷 126，頁 2-5；卷 128，頁 15 下-16 上。

㉑ 「(慶曆元年二月) 指使及軍校死者數百人，軍士死者六千餘人。」見前引書卷 131，頁 7 上-9 上。

㉒ 據祖無擇說，從 1040 年起，宋朝大部份官員都對西夏入侵一事關心，因爲宋朝動員了兩年依然不能把侵略者擊退。宋朝君主仁宗似乎經常在那兒擔心。見祖無擇《洛陽九老祖龍學文集》卷 7，頁 5 下-6。

第五章　傳統儒家政治理論的精鍊者

常聽到有人說，從事自然科學工作的人最有成就的時期是三十歲前後，而一位哲學家的最富成就時期卻晚得多。如果這種說法能夠成立，那麼李覯的智力成長過程比較像一位自然科學家，而不像一位哲學家。他在廿五歲以後所寫的文章比較沒有啓發性，可是他在這之前所寫的文章，不但承傳了他的前輩的思想，而且還加以提煉。在這一方面，李覯可以算是一位有創見的思想家，雖然他的創見主要在於發展他的儒學前輩的一些看法並加以系統化。

究竟這是些什麼看法呢？那些看法是他從儒學前輩那兒衍生出來的？又有那些看法是他自己加上去的呢？

李覯的創見主要見於他的《 禮論 》。 這些文章寫於 1032 年，當時他只有二十三歲❶。《禮論》一開始就提到了文化演進論。

一、透過文明演進的回顧來肯定累積起來的人類成就

李覯回顧文明演進過程的目的在於澄清禮的性質。據他觀察、古代制禮的人、並不是單憑他們自已的想像力把禮制訂出

來，然後強加到百姓身上，而是在觀察了人性的許多特徵之後，順着人性，容許它在多數情況下自由表達，然後再憑判斷在這兒那兒調整一下，最後才制訂成爲禮：「夫禮之初，順人之性欲而爲之節文者也」❷。

不過，這一回顧，實際上相當於肯定了歷史上累積起來的人類成就；它肯定了人類在過去的集體勞動。

李覯相信人類剛在地球上出現時，馬上就面臨體內和體外四種巨大困難。人類若想生存，就必須克服所有這些困難：「人之始生，饑渴存乎內，寒暑交乎外。饑渴寒暑，生民之大患也」❸。很幸運，人並沒有被這些困難壓扁。沒多久，他們就知道利用菓實、鳥類以及獸類的肉來充饑；而他們獲得食物的方法，是把他們的勞力應用在樹、鳥及動物身上❹。

這一個原始階段並不很長。人不久就開始埋怨起來。他們並不是埋怨獲得食物的方法，而是埋怨他們所吃的食物味道不好。他們覺得茹毛飲血並不能滿足他們的口腹之慾，他們也不覺得披頭散髮，獸皮覆身有多舒服❺。

可是他們不知道如何去解決他們的問題。一直到一羣聰明人來臨了，他們的問題才一一消除。這些聰明人改變了他們的全部生活：

聖王有作，於是因土地之宜以殖百穀；因水火之利以為炮燔烹炙。治其犬豕牛羊及醬酒醴酏以為飲食；藝麻為布，繅絲為帛，以為衣服，夏居橧巢，則有顛墜之憂；冬入營窟，則有陰寒重膇之疾，於是為之棟宇。取材於山，取土於地，以為宮室。手足不能以獨成事也，飲食不可以措諸地也，於是范金斲木，或為陶瓦，脂膠丹漆，以為器皿❻。

解決了這一系列以人和自然環境的關係爲軸心的問題之後，人必須面對另一系列以人與人之間的關係爲軸心的問題。這工作的起點是安頓一個大家庭：

> 夫婦不正，則男女無別；父子不親，則人無所本；長幼不分，則强弱相犯。於是為之婚姻，以正夫婦；為之左右奉養，以親父子；為之伯仲叔季，以分長幼❼。

這工作延伸出去，便涵蓋政治關係：

> 君臣不辨，則事無統；上下不列，則羣黨爭。於是為之朝覲會同，以辨君臣；為之公、卿、大夫、士、庶人，以列上下❽。

最後，這工作又延伸到人生其他方面——學習、社羣化、殯葬，以及祭奠：

> 人之心不學則惰也，於是為之庠序講習，以立師友。人之道不接則離也，於是為之宴享苞苴，以交賓客。死者人之終也，不可以不厚也，於是為之衣衾棺槨，衰麻哭踊，以奉死喪。神者人之本也，不可以不事也，於是為之禘嘗郊社，山川中霤，以脩祭祀⓫。

這些規定涵蓋度極廣，而人們執行這些規定時又必須很嚴格。當所有事都必須按規定來做時，個人特好便被擠到一邊去了:

> 豐殺有等，疏數有度；貴有常奉，賤有常守。賢者不敢過，不肖者不敢不及❿。

等到所有這些規定被社會上下一體遵守時，理想社會（天下大和）也就來臨了⓫。

可是、這一個理想階段並不長久。有些人逾越了規定的極限；又有些人太懶惰，不能符合規定；還有些人根本就拒絕合作。因此就有必要在禮之外另補充一些方法：「是故節其和者，命之曰樂；行其怠者，命之曰政；威其不從者，命之曰刑」⓬。

由以上所述看來，在李覯心目中，人類的生存可說是由一連串考驗湊合起來的。人類是否能夠生存，得看他的奮鬪結果。人類剛在地球上出現時，他就面臨着緩和兩大基本生理需要以及應付兩大氣候挑戰的艱巨任務。無論他是拙於應付前者或後者，都意味着他將死亡。很幸運地，老天對他並不殘酷。它爲人類提供了各式各樣隨時可用或立刻可用的食物和衣服，讓人滿足內在需要以及應付外來威脅。消費自然儲備物是人類生存的第一期。

人很快就到達了這一期生活的極限。他希望把日常生活中的不安定成分除去，同時使生活更舒適些。食物的來源必須穩定，食物的味道必須改良。靠着一些聰明人的幫助，他的目的達到了。自然環境被分化到一種前所未有的地步。他自己種食物，自己做衣服、居室以及工具。人類的生存進入了另一期——一個開始用人類思考潛能的時期。

人與他所處環境之間的奮鬪逐漸地被人與他自己同類之間的緊張與鬪爭取代了。這種鬪爭影響到人的日常生活⑬。聰明人於是用婚姻把夫婦和別人區別起來，用血親關係分別親疏，用年齡分別老幼。爲了消除抗爭，他們建立了一個政治階層；爲了啓發百姓智慧，他們設了學校；爲了招待賓客，他們設了筵席。最後，他們又加上了喪葬和祭祀，以便人們追往、表恩或祈福。

當這些制度都發揮它們的功能時，人們就進入了演進史中的第三期。他們現在已進入由政治上級頒佈規則給社會上所有成員，並且命令他們遵照規定做事的情況。這些制度的主要共同目的在於促使社會上每一成員都能過一個有秩序的生活，而不必顧慮到他的社會地位或聰明程度⑭。

由此可見人類文明是從一種混沌未開的情況逐漸轉化爲一種到處都有區別的情況；從人與環境的鬪爭逐漸轉化爲人與人之間的鬪爭；從自然狀況逐漸轉化成一個充滿習俗的社會。這是一個想像與推理逐漸取代天生本能的過程，它保證不太能幹的人也能在一個有條理的羣居生活中生存⑮。

文明演進的回顧的含義是：人所住的自然環境有兩面性——又嚴酷又仁慈。由於它強迫人經歷一連串試驗，它是嚴酷的；人只要無法通過這些試驗，就會面臨死亡。可是，它又提供了所有爲人類維持生命及享受人生的所有生活資料；就這一點說，它又是仁慈的。因此，人類爲延續生命所作的奮鬪，可看作是由人爲了滿足需要而作的成功地改造、以及適應自然環境的事實編織而成的。

這一回顧又指出整個演進過程的最要緊總目標不在於讓社會

上某一階級的人享受，而讓其他階級受苦。相反地，它的目標是讓最大多數的百姓都能活下去，不管他們的天賦如何。人道主義以及機會均等主義的考慮遠超過質的考慮。

最後，李覯覺得那一小羣智慧高超、責任重大的人的確應該被承認是人類演進的媒介。透過他們，人才能爲延續最大多數人的生命而有效地利用自然。他們就是一般所稱的聖王⑯。

二、英才主義的觀點——聖王是演進史上進化突破的代理人也是道德規範的作者

聖王在演進史上不同時期出現；最先一批在人被無知困擾而受苦的時候出現；這時候人的前景非常暗淡。看到同類人的不幸遭遇，這些聖人的慈悲心被激發起來了⑰。他們運用智慧⑱來尋找解決人所面臨的各項問題的最好方案。經過許多次試驗之後，他們終於得到了結論⑲。據他們判斷，這些結論是最合適不過的，因此他們牢牢地守護這些堅苦得來的成果⑳。他們把它編纂成書，並且叫它作「禮」㉑。

由此看來，仁、智、義、信本來都是聖人的道德與智能上的善，現在卻在編纂過程中被客觀化了。不僅如此，它們還被賦予一套特定意義，而這些意義立刻成爲個人以及政府的行動準則。譬如說，「仁」的意義是要人們履行屬於子女的各種規範，奉行喪葬及祭祀。它又要求政府不干涉農民的季節性的工作；要求政府只進行有充分自制的戰爭以免百姓暴亡；的確，政府應該鼓勵百姓爲他們自己的福利種桑樹㉒。

李覯給「智」下的意義可以大略分爲兩類：政治性及社會性。

政治上，他期待政府在施政時能替百姓提供各種日用必需品、設立機構防止詐欺、造城牆以及練兵以便防禦外敵侵入並消滅盜賊。此外，政府應該獎勵學者以便擴展學習㉓。社會上，政府應該維持地位上的差等，這樣百姓就不會輕易地被引誘去從事叛亂㉔。

同樣地，「義」包括培養老百姓誠實及謙讓的心理，催促他們遵照年資規定，並且鼓勵他們在男女之間保持適當的分界。政治上，它指出帝王和臣僚都應該各自履行他們的職務。政府應該鼓勵諫諍，應該建立合適的選用制度，以及執行刑法㉕。

最後，「信」不但是指遵守諾言而說，同時也要求官吏們盡忠職守，以及各行各業的人不改變他們的職業。其次，它也表示要決定政府官員的薪水、官階，以及地位㉖。

這四種規範之間的分別在觀念上並不那麼嚴謹精密，因爲它們之間有重複的地方，可是它們的主要關切範圍卻是很清楚的。它們的任務是避免不必要的生命浪費以及促成一個較好的生活，這樣最大多數的百姓就可以活下去了。它們所使用的方法是保持社會結構以及習俗，這樣大家的行爲模式就固定了。

這裏我們可以看出李覯思想中保守的一面。對他來說、社會安定是由社會地位的階層化以及誘導百姓按地位做事而來的。

三、李覯對儒家學說的貢獻的性質和範圍

李覯的回顧文明演進，對儒家來說，並不是第一次。《論語》及《荀子》裏固然沒有這一類的說法㉗，但是在《孟子》裏卻有兩則很相似的言論㉘。不過，李覯的演進論似乎是直接受兩位唐朝作家——柳宗元和韓愈——影響的。

在〈貞符〉這篇文章裏，柳試着重建人類文明演進史[29]。他特別指出外在的挑戰與人類感受到的內在慾望，同時把克服這些困難的功勞歸給一般人的本能反應。在這方面，他和李覯是一致的:

> 惟人之初，總總而生，林林而羣。雪霜風雨雷雹暴其外，於是乃知架巢空穴，挽草木、取皮革。饑渴牝牡之欲歐其內，於是乃知噬禽獸、咀果穀，合偶而居[30]。

李覯的演進史的開端很像是由柳的演進史簡化而成的，不過它們之間有區別。柳列舉了氣候的種種變化，而李僅僅提到兩個最重要的外來壓力：寒和暑；其次，李不曾提起一個重要的內在慾望——性的需要。

不過，李從柳那裏借用觀念，也只到此爲止。從這以後，他似乎採用了韓愈的演進史。這演進史見於〈原道〉[31]那篇有名的文章裏:

> 古之時，人之害多矣！有聖人者立，然後教之以相生養之道。為之君、為之師，驅其蟲蛇禽獸，而處之中土。寒然後為之衣，饑然後為之食。木處而顛，土處而病也，然後為之宮室。為之工，以贍其器用；為之賈，以通其有無。為之醫藥，以濟其夭死；為之葬埋祭祀，以長其恩愛。為之禮，以次其先後；為之樂，以宣其壹鬱。為之政，以率其怠勌；為之刑，以鋤其强梗。相欺也，為之符璽斗斛權衡以信之；相奪也，為之城郭甲兵以守之[32]。

把韓愈和李覯的演進史作一比較，我們不由不覺得，兩者之間有很大相同處。兩人的討論程序是相像的。兩人都賦予聖人及聖王具有決定性的作用；其次，有兩處他們所用的字句幾乎是同一的：起先是他們談到建屋的理由，然後是政府的功能；很可能李覯在寫演進史中這兩點時，基本上是把韓的文章再說得詳細一點。

在李覯的文集裏，「聖人」和「聖王」常常是可以互換的。可是，在文明演進史裏特別用「聖王」這兩個字，就提醒我們在《韓非子》裏的一段文字；在那裏，「聖王」這兩個字的來源和意義都被明白地介紹出來了：

> 上古之世，人民少而禽獸衆，人民不勝禽獸蟲蛇。有聖人作，構木為巢以避羣害，而民悅之，使王天下，號曰有巢氏。民食果蓏蜯蛤，腥臊惡臭而傷害腹胃，民多疾病。有聖人作，鑽燧取火，以化腥臊，而民說之，使王天下，號之曰燧人氏[33]。

《韓非子》一書的作者小心翼翼地，明明白白地指出了第一個「聖王」的來源以及性質，李覯認爲這一觀念是一個當然名詞。可是「聖王」這一觀念在兩本書裏的意思是相同的。由於《韓非子》是我所讀過的先秦諸子中唯一曾對「聖王」這一觀念加以明白地界定過的書，我不由不想到，李覯可能是從那本書裏採用了這觀念[34]。

由此看來，李覯的文明演進史主要是引用了別人的作品。最後必須審核的是他爲人類所標舉的集體目的——大和，到底是不是他自己想出來的。可是卽使在這一方面，他的理想也不及《荀子》那本書裏所提的那麼動人。在《荀子》那書裏，公平的觀念充溢於社會各處，而李覯的「天下大和」境界卻沒有這種觀念：

> 夫貴為天子，富有天下，是人情之所同欲也。然則從人之欲，則執不能容、物不能贍也。故先王案為之制禮義以分之，使有貴賤之等、長幼之差、知愚能不能之分。皆使人載其事，而各得其宜，然後使慤祿多少厚薄之稱，是夫羣居和一之道也。
>
> 故仁人在上，則農以力盡田、賈以察盡財，百工以巧盡械器，士大夫以上至於公侯，莫不以仁厚知能盡官職。夫是之謂至平。
>
> 故或祿天下，而不自以為多；或監門御旅、抱關擊柝而不自以為寡。故曰斬而齊、枉而順，不同而一。夫是之謂人倫㉟。

就李覯的文明演進論的大輪廓來看，他顯然是跟着早期儒家走的。如果說他有任何獨創的貢獻，那麼他的貢獻在於把儒家的仁義禮智信五德作了一番很有系統的處理。

在《論語》、《孟子》及《荀子》裏，五德中每一條都被認爲是治國的要素：

> 天子不仁，不保四海；諸侯不仁，不保社稷㊱。
>
> 古者禹湯本義務信，而天下治；桀紂棄義倍信而天下亂㊲。

能以禮讓爲國乎，何有[38]？

除此之外，在這三部著作裏，五德中各德常常被互相連繫起來，它們之間被認爲是和諧的、相互支持的[39]。在《論語》裏，仁與智被相提並論[40]。在《孟子》裏，仁和義經常被一起連用，好像它們是同義字一般。仁義也與智[41]信[42]及智和禮連用[43]。至少在一個地方，義和禮一起被相提並論[44]。《荀子》裏這種連用趨勢也延續不斷。不僅如此，我們在上述各種連繫法之外[45]，還看到四種新的連用法：仁和禮[46]；禮和智[47]；仁、義和禮[48]；以及義、禮和信[49]。

可是在上述三部著作裏，還沒有任何一處有「把五德組織成一個系統」的跡象。如果一定要找出這種跡象，那麼唯一可提的地方見於《荀子》。在那裏，書的作者試着去解釋「爲什麼仁比禮更重要」。也就在那裏，五德中的三德第一次循序出現：「人主仁心設焉，知其役也，禮其盡也。故先王先仁而後禮」[50]。同樣地，我們在《論語》及《荀子》這兩本書裏沒有找到任何有關五德起源的討論，只有在《孟子》裏，五德中的四德才被認爲是和人的身體一起降生的。「仁義禮智，非由外鑠我也，我固有之也」[51]。

由周朝到宋朝，儒家出了好幾位傑出的思想家。可是，就我所知，沒有一個人從《孟子》或《荀子》這兩部書裏把有關五德起源和順序這一線索拾起來。

揚雄是一位西漢的哲學家。他曾經寫過兩本書，而書的體裁是模倣着《論語》和《易經》的。他用比喻法重申了五德的重要性。可是，他也僅僅到此爲止，沒有進一步申論：「或問仁義禮智信之用。曰:『仁、宅也;義、路也;禮、服也;知、燭也;信、符也。處宅、由路、正服、明燭、執符。君子不動,動斯得矣』」[52]。

王通是隋朝的一位哲學家。他也曾模倣《論語》的體裁寫過一本書。他僅僅申述了仁義禮三德的重要,而且沒想到要把它們組織起來[53]:「子曰:『仁義其敎之本乎!先王以是繼道德而興禮樂者也。』子曰:『禮其皇極之門乎!聖人所以嚮明而節天下也』」[54]。

這一種情況在唐朝也沒什麼改變。韓愈是一位有名的作家,他也是古文運動的一位領袖。他希望能把儒學的聲譽重新建立起來,同時把佛敎壓下去。他一直想把《孟子》這書裏的想法傳播到全世界各地[55]。可是,他除了響應孟子的主張之外,自己並沒有什麼創見:「性之品有上中下三……其所以爲性者五:曰仁、曰禮、曰信、曰義、曰智」[56]。

柳宗元是古文運動的另一位健將。他對佛敎的態度比韓溫和,可是,他對五德的見解也只是重複了韓的意見。「聖人之爲敎,立中道以示於後,曰仁、曰義、曰禮、曰智、曰信,謂之五常,言可以常行者也」[57]。只有當李覯出現時,《孟子》及《荀子》裏所埋藏的線索才給檢了出來。五德終於很有系統地被組織起來了。

李覯從《孟子》那裏獲得五德起源的啓發。可是,他和《孟子》的作者有點不同。後者認爲每一個人都有五德或五德的端苗,可是前者卻把五德劃給聖人了。接着李覯又跟隨着《荀子》裏的線索,假定聖人的性是因着要解決自己同胞所受的災難而逐漸成長成熟的,而五德是依着仁、智、義及信這順序出現的。不僅如此，他又運用邏輯思考的方法把五德區別爲抽象層次不同的兩大範疇。仁、智、義和信仍然保持着德的地位，而禮被送進更高一個層次，它變成一套行爲守則的總名。凡是已經被具體化、客觀化了的四德，都給包括在裏面[58]。

這裏我們必須仔細地探討「把道德價值的意義加以擴大」的過程以及李覯在這過程中所作的貢獻。

《論語》中提到五德時，五德的意義是個人的屬性或個人的道德準則[59]。可是在《孟子》和《荀子》裏，這些名辭都被擴大、被用來指稱政治上的措施。譬如說、仁在《孟子》裏就被用來作一些政策的形容詞[60]。仁政的意義是免刑罰及減賦稅。這些政策可以促使壯丁們保養他們的農田，養活他們的親人，同時再培養他們的道德觀念[61]。

義的觀念也是用同樣方式發展起來的。在《論語》裏，義主要是一個個人的道德準則。只有當這一個人在政治上活動時，義才帶上政治色彩。「上好義，則民莫敢不服」[62]。《孟子》繼承了這一層意義：「君義莫不義」[63]。除此之外，這一個名辭在《孟子》裏也被用來指稱君主和大臣之間的一套行爲模式[64]。其次，它又被擴充來包括有尊卑關係的人的行爲模式，而這些模式被認爲是維持秩序的必備條件。「無禮義，則上下亂」[65]。最後這一層意義，又被《荀子》這書繼承並加以擴充。也正是在《荀子》這書裏，義這一名辭才帶上了明顯的政治含義。「故禮及身而行脩，義及國而政明」[66]。可是，《荀子》這書裏並沒有很明白地把義的各種不同意義區別出來。它也沒有把義和任何特定的政策連繫起來。

從周朝起到宋朝，這一個「把道德原則政治化」的趨勢並沒有被任何一位儒家學者繼承。李覯是第一位把這政治化過程再注入生機的人。五德現在各有一系列固定的、明白的政治意義。以仁作爲例子，它就指出一個政府必須在農忙季節避免干擾農民的及時播種；必須敦促農民種桑樹；必須儘量克制戰爭的衝動，只有在萬不得已的時候才作戰；而即使在戰場上，也必須在限度內殺伐。

其次，政治化的範圍也被擴充到智和信，兩個在《荀子》裏沒被常常提到的德。如果一個政府能爲百姓提供日用必需品，能設立機構防止欺詐，能樹立城牆，能組織軍隊防禦外侮，消弭盜賊，獎勵學者，它就是有智慧的[67]。

* * * * *

由此看來，李覯對儒家哲學的貢獻主要在於把五德系統化。他把五德的起源及出現的次序理論化了，同時依照一種更邏輯的方法把它們重新組織一遍。另外，他繼承了「把道德意義政治化」的趨勢（這一個趨勢在《孟子》及《荀子》的書裏已經可以看到），並且把它擴充到所有五德上去。

他的貢獻似乎就到此爲止了。從 1032 年起，他的著作逐漸變爲重新組合從儒家及法家哲學裏取來的觀念，而不是創新地錘鍊有獨特風格的作品。這一點我們在上一章裏已經交待過。他漸漸地失落了他早年所有的理論好奇心，而這種好奇心，如果能夠充分發展，也許可以使他成爲一位更傑出的思想家。由於他很關心他所處的宋朝社會的命運，他急於把他從研讀古籍所得來的結論用到當代的問題上去，他終於扮演了社會批評家的角色。

附　註

❶ 我覺得也許可以在這裏順便提一筆。當李覯動於寫作時，大部份後來成名的宋朝理學家——如邵雍、周敦頤、張載、程顥及程頤——都還未開始提筆。1032 年那年，邵只有二十一歲；周是十五歲；張只有十二歲；程顥剛生一年，而程頤還未誕生。

❷ 見《李覯集》，頁6。後來李曾和胡瑗為這一論點而辯論過。見<與胡先生書>，《李覯集》，頁 317-319。

❸ 見《李覯集》，頁 6。

❹ 「食草木之實，鳥獸之肉」。見前引書。

❺ 「茹其毛而飲其血，不足以養口腹也；被髮衣皮，不足以稱肌體也。」見前引書。

❻ 見前引書。

❼ 見前引書。

❽ 見前引書。

❾ 見前引書。

❿ 見前引書。

⓫ 見前引書，頁 6-7。

⓬ 見前引書，頁 7。

⓭ 李於 1041 年指出，這種緊張關係可能會導致人類的滅絕。「夫物生有類，類則有群，群者相爭，爭則相害。……不有王者作，人之相食且盡矣。」見前引書，頁 179。

⓮ 1041 年，李指出制禮的目的在於保證弱寡愚怯的人都能生存。「殺人者死，然後人莫敢殺；傷人者刑，然後人莫敢傷，弱寡愚怯之民，有所賴矣。」見前引書。

⓯ 李深信在這一方面制禮者是在試著模倣天：「先王立禮，則天之明，因地之性。」見前引書。

⓰ 見前引書，頁 6。在《李覯集》裏，「聖王」有時與「聖人」是同義語。

⓱ 「仁則憂之。」見前引書，頁 15。

⑱ 「智則謀之。」見前引書。

⑲ 李覯的原文是「謀之既得，不可以不節也，於是乎義以節之。」見前引書。我覺得這一段文字還必須加以詳細地討論。我這裏的行文與原文稍有出入。

⑳ 「節之既成，不可以有變也，於是乎信以守之。」見前引書。

㉑ 「四者大備，而法制立矣。法制既立，而命其總名曰禮。」見前引書。

㉒ 見前引書，頁 10。

㉓ 「爲衣食、……列官府、紀文書、……築城郭、治軍旅……親師傅、廣學問……。」見前引書。

㉔ 「異親疏、次上下，而人不與亂矣。」見前引書。

㉕ 見前引書。

㉖ 見前引書。

㉗ 《荀子》裏有一些文明演進史的片言斷語，可是並不構成一個有條有理的過程。見<請成相道聖王>節，《荀子集解》卷18,頁 5上-6 下。

㉘ 見《孟子》<滕文公>章句上第四節；<滕文公>章句下第九節。

㉙ 柳在他的<封建論>裏敍述了一個較簡單的文明演進史。見《柳河東集》卷 1,頁 35。

㉚ 見前引書，頁 16。

㉛ 韓愈在他的另一篇文章<送浮屠文暢師序>裏，有一個較簡單的闡述。見《韓昌黎集》卷 5，頁 19。

㉜ 見前引書，卷 3，頁 61。

㉝ 見<五蠹>第四十九，《韓非子集解》卷 19，頁 1 上。

㉞ 「聖王」這名詞也在《孟子》裏出現過，可是它的意義並不彰顯。「聖王不作，諸侯放恣，處士橫議……」，見《孟子》<滕文公>章句下第九節。《荀子》裏的「聖王」是理想的成份多，實際上見於人類歷史的成份少。「天下者至重也，非至彊莫之能任；至大也，非至辨莫之能分；至衆也，非至明莫之能和。此三至者，非聖人莫之能盡，故非聖人莫之能王。」(<正論>篇第十八），見《荀子集解》卷 12，頁 3 下。

㉟ （<榮辱>篇第四）《荀子集解》卷 2，頁 23。

㊱ 見《孟子》<離婁>章句上第三節。

㊲ (<彊國>篇第十六)見《荀子集解》卷 11，頁 11下。又見卷 10，頁 5，頁 9；卷 11，頁 9。另見《論語》卷 12，第七節。

㊳ 見《論語》卷 4，第十三節。又見卷 11，第二十五節。《荀子》一書裏到處提醒讀者禮對治國的重要性。見《荀子集解》卷 1，頁 15下；卷 7，頁 6下；卷 11，頁 1下；卷 19，頁 5 下，頁6-7。

㊴ 唯一的例外是義和信之間的衝突。遇到這種情況時，信應該讓義。「大人者，言不必信，行不必果，惟義所在。」見《孟子》<離婁>章句下第十一節。另見《荀子集解》卷 2，頁 4 下；卷 11，頁 11 下。

㊵ 「仁者安仁，智者利仁。」見《論語》<里仁>第四第二節。

㊶ 「仁之實，事親是也；義之實，從兄是也；智之實，知斯二者弗去是也；禮之實，節文斯二者是也。」見《孟子》<離婁>章句上第二十七節。

㊷ 「仁義智信，樂善不倦，此天爵也。」見《孟子》<告子>章句上第十六節。

㊸ 「仁義禮智，非由外鑠我也，我固有之也……」見前引書第六節。又見<盡心>章句上第二十一節。

㊹ 「無禮義，則上下亂。」見前引書<盡心>章句下第十二節。

㊺ 這包括仁與義，義與禮，及仁與智的連用。見《荀子集解》卷 2，頁 18；卷 10，頁 11；卷 2，頁 6；卷 5，頁 11；卷 10，頁 4 下；卷 17，頁 1下，頁 5；卷 8，頁 8。

㊻ 「王者先仁而後禮。」(<大略>篇第二十七) 見前引書卷 19，頁 2 下。

㊼ 「審節而不知，不成禮。」見前引書，頁 5 上。

㊽ 「仁義禮樂，其致一也。」見前引書。

㊾ 「爲人上者必將愼禮義、務忠信，然後可。」(<彊國>篇第十六) 見前引書卷 11，頁 11 下。

㊿ (<大略>篇第二十七) 前引書卷 19，頁 2 下。

51 見《孟子》<告子>章句上第六節。

52 見揚雄《法言》第二章，頁 2。

53 在另一篇文章裏，他提到了第四個德：信。見王通《中說》卷 2，頁 1 下。

54 見前引書卷 6，頁 4。在另一篇文章裏，他聲稱仁是智的基礎。見前引書卷 2，頁 2；卷 5，頁 6。

55 「使其道由愈而粗傳，雖滅死萬萬無恨。」見韓愈《韓昌黎集》卷 4，頁 86。

56 見前引書卷 3，頁 64。

57 見柳宗元《柳河東集》卷 1，頁 44 <時令論>下。

58 也許我應該在這種敍述一下《荀子》的作者與李覯對聖人及禮之間的關係在看法上的同異。兩者都聲明禮是由聖人制訂的，可是他們在「什麼力量促使聖人制禮」的看法上有出入。《荀子》的作者認爲禮是聖人運用理智以後制出來的：「聖人積思慮、習僞故，以生禮義而起法度……」(<性惡>篇第二十三)《荀子集解》卷 17，頁 3 下。李覯則以爲禮是把聖人的性向或本性記錄下來整理而成的。「聖人率其仁、義、智、信之性，會而爲禮，禮成而後仁、義、智、信可見矣。」見《李覯集》，頁 11。

59 「禮」是個例外。它不僅是個人的道德準則，也有全國性的意義。見本章38。

60 「今王發政施仁，使天下仕者皆欲立於王之朝…」見《孟子》<梁惠王>章句上第七節。「仁政」兩字連用，見<梁惠王>章句上第五節；<梁惠王>章句下第十二節；<公孫丑>章句上第一節；<滕文公>章句上第三節；<離婁>章句上第十五節。

61 見前引書<梁惠王>章句上第七節。

62 見《論語》<子路>第十三，第四節。

63 見《孟子》<離婁>章句上第二十節。

64 「君臣有義」，見前引書<滕文公>章句上第四節。

65 見前引書<盡心>章句下第十二節。

66 見<致士>篇第十四，《荀子集解》卷 9，頁 9 下。另見卷 5，頁 11；卷 10，頁 11下，頁 7 下。

67 李覯又列舉了「非禮之仁」、「非禮之義」、「非禮之智」，及「非禮之信」的種種行爲。見《李覯集》，頁 12-13。

第六章 社會批評家

儘管儒家和法家的學說之間有不相調和的地方，可是，當李覯和這兩家學說接觸過並接受了它們薰陶以後，這些學說便有意無意地成爲他衡量當前各種問題的準繩。而李覯對他所處環境的確也有許多不滿。

下面我將順着政治、軍事、經濟、財政及社會問題的次序，把李覯的牢騷一條一條地辨認。在本章結尾，我將討論他所提議的總的挽救辦法。

一、政治問題

李覯所擔憂的政治問題主要有兩個。第一個與政府官員的個人行爲有關；第二個與政府的政策有關。

宋朝君臣的嚴重缺陷　可能是因爲他受了儒家「爲民表率」這一觀念的影響，李覯覺得帝王和王室應該做百姓的榜樣。譬如說，帝王不僅不應該任意揮霍，還應該以國家經濟情況爲準，過一個與它相稱的生活。如果帝王不能這麼做，那麼他就會爲全國樹立了壞榜樣。

不幸仁宗皇帝對建造或修繕寺觀、購買奢侈品、雇用宮女、以及雇用宮廷樂師❶等方面出手太大。那時候最叫人感嘆的過分舉動是出售官階來籌錢建造一所佛寺。李覯特別憂慮這一措施爲百姓福利所帶來的壞結果;

……假如此寺秖費十萬緡，亦當十員京官矣。彼十員京官，以常例任使數年之後，便當臨民，以為萬戶縣尹，則十萬家之禍；又以為十萬戶郡守，則百萬家之禍矣❷。

爲了補救隨意花費的毛病，李覯建議帝王的財產由政府機構來管理，而那個機構必須每月每年都作審計，這樣王室就可以節省費用了❸。

1043 年以前， 宋朝已經有好幾位官員提出「王室花費太大」的指責。 右司諫范仲淹在 1033 年勸仁宗不要常常大動土木❹；第二年,度支判官謝絳警告仁宗不要賜給臣僚太多物品❺；1038年,大理評事監在京店宅務蘇舜欽覺得仁宗的宴樂太多了❻。仁宗皇帝對這些指責有 反應 —— 他接受了其中 一些建議 。 1033 年 12 月， 他放了二百名宮女回家❼。1039 年4月， 他又放了一批❽。 其次， 他在 1042 年5月舉行的祭禮時， 把賜給皇后及妃子的錢物減少了一半❾。可是這種零碎的舉動並沒有感動朝官或百姓。1043 年9月， 參知政事范仲淹勸仁宗皇帝再減放宮女❿，左執法諫官余靖也覺得仁宗的生活太浪費⓫。可是，這些官員都不曾像李覯一樣，建議皇室採用審計制度⓬。

李覯對政府官員的行爲也有批評。 1052 年， 他抱怨說宋朝官員中實在沒有多少人是全心全意盡他們職責的⓭：

> 嗟乎！今之天下何其少人哉？人材高下，未敢輕量，若夫至公至忠，圖國忘身者，誠不易得。凡居位者，何異一曹司？但行文書，不責事實；但求免罪，不問成功。前後相推，上下相蔽。事到今日，猶不知非⓮。

官員們這種推諉責任的作風使得政治組織完全不能發揮它應有的功能：「爵列於朝而習吏胥之業，故愚者亦足尸一官。賢人斂手于位就繩墨，間有可道者，則今之循吏也已」⓯。

雖然李覯不曾在 1052 年對糾正官吏的服務態度提出任何具體的改進建議，他卻曾在 1043 年有一個提議，而這一個提議是和官吏的態度有關的。他覺得宋朝政府應該採用《周禮》裏面對於升黜官吏的辦法來整頓吏治：

> 噫！先王所以課吏考功如是其密也。日入其成，是無一日而可敖盪；歲終廢置，是無一歲而不勸懲。三年有成，則申之以誅賞。有功者驟獲其利，無功者卒伏其辜⓰。

1030 年到 1043 年之間，總有一打左右官吏和李覯有同樣的感嘆。他們覺得中央以及地方有許多官吏確實是愚昧的。1034 年，知制誥李淑譴責大多數官吏做事時因循苟且，只顧本身利益，不管國家利益⓱。監察御史裏行孫沔公開上書給仁宗，建議在朝廷裏把諂佞的高官免職，在地方上也把不能幹而又貪鄙的縣令開革⓲。1041 年，鄜延都鈐轄知鄜州張亢覺得宰執如夏竦、陳執中之流的言行只有傳令童模樣。他們把公文轉來轉去，卻不知道在執行皇上命令時，應該按他們自己的判斷對危急情況提出對策[19]。其他許多官吏都一直等到 1043 年 3 月執宰呂夷簡去職以後才發牢騷。知諫院蔡襄、諫官歐陽修、樞密副使范仲淹、韓琦及富弼在 1043 年 4 月到10月這半年中間，先後發言。他們的主要論點是：官吏的升遷應該以他們的能力和功績為準，而不是依他們的年資[20]。其次，歐陽修、范仲淹，以及富弼都建議朝廷選派按察使到各路各府去考察知府知州的政績，作為整頓吏治的第一步。如果經過考察後發覺有些知府知州記錄完美，那麼這些官吏便可由朝廷授權去考察他們治下的知縣[21]。

由此看來，李覯對於吏治的診斷與開方可說與當時朝廷裏的一些官員（如歐陽修、范仲淹等）是不謀而合的。可是他並沒有建議朝廷派按察使到各地去。他的建議是為長期改革着想的。

這裏也許應該指出：宋朝政府曾經試着去實行考績制度。可是，這些試驗規模很小而且實效不大。這一來，李覯、歐陽修及范仲淹的批評便不是無的放矢了。譬如說，1040 年 5 月，宋朝政府順從了權三司使公事鄭戩的建議，按期檢查各道轉運使的政績[22]。1042 年，這一種定期檢查又包括了提點刑獄使[23]。第二年，朝廷接受了參知政事范仲淹的建議，下詔全國；從此以後，只有有特別功勛的官吏才能特別升遷[24]。可是這一詔書究竟是否被好好地遵行，就無法知道了。

有嚴重缺失的政策　在所有宋朝所作的政治決定裏，最讓李覯痛心疾首的，要算繼續用考試來甄拔政府官吏這一點了。他覺得這種制度有許多缺點。首先，選拔官吏所用的標準和這些官吏以後工作時所需要的知識是完全不相關的。政府官吏應該知道如何去做行政工作，而不是去做出色的論文家或詩人[25]。政府如果是去測驗趕考人的文藝水平，而不去測驗他們對實務的了解，

國家當然不可能獲得幹練的官吏：「禮儀則習於同列，政體則咨於老吏。自受爵之日，爲學制之始。奈何欲致治與化也？」㉖

其次，考試的時間太短，實在不足以判斷趕考人資格的優劣。「不見其人之姓名㉗，不知其身之善惡、才不才，決於數百言，難乎爲無失矣！」㉘

這一個政策上的缺失應該糾正而且也可以糾正。譬如說，考試制度可以逐漸地用一種新的學校制度來代替，在那種新學校裏，學生都經過長期的觀察，因此政府可以放心地錄用他們爲政府職員：

> 為朝家之計，莫若斥大七館㉙，使薦紳之族咸造焉；增修州學，使士庶人之秀咸在焉。擇賢以為之師，分經以為之業，限以積久，毋得擅去。日觀其德，月課其藝。賢邪非一時之賢，久居而不變，乃其賢也；能邪非一時之能，歷試而如一，乃其能也。如是而得人不精，未之信也㉚。

對於那些已經超過學齡，而本身已經卓然有成就的人，李覯建議用兩種補助辦法來尋找他們。各地政府應該把傑出的人才呈獻給朝廷㉛，而朝廷的高官也應該推薦他們所認識的優秀的人才㉜。

1029 年（當時李覯是二十歲）到 1041 年（也就是他提議擴充學校的那一年）中間，宋朝朝廷上曾對「如何正確地舉行考試」這一個課題進行過幾次討論。主要的爭論點是錄取的標準應該是「應考人能作好詩的文藝本領」呢？還是他「回答策論的本領」㉝？除去知制誥李淑之外㉞，很少人指出考試時間的短促也是一個缺點。一直到1043年，參加政事范仲淹才強調，在考慮錄用一個政府官吏時，了解應考人的性格也應該是一個因素㉟。可是沒有任何一位官員像李覯一樣建議用學校制度來取代考試。李覯在這方面也許是獨一無二的。

除去考試制度的缺失之外，李覯也埋怨有些朝廷的決策人有偏見。這些決策人犯了冷落宋朝東南地帶的錯誤。這種態度可能會導致嚴重後果，因爲東南地區事實上已經富裕到足以獨立的地步㊱：

> ……禍以忽而生，勢以激而動……。朝廷憂西北而不憂東南，無寇賊之備，是所謂忽也。用力於西北，則勢不救東南，生姦雄之心，是所謂激也㊲。

1055 年的李覯覺得宋朝政府可以消除「冷落東南地區」的形象，方法是派幾位幹練的官吏到東南去，然後每一名官吏再監督一打左右府或州㊳。他雖然不曾那麼明說，可是，他在 1044 年所提的意見，可能還在他腦海中盤旋。那一年，他提議中央派到地方去的官員，應該有權委任他們的行政下屬，並且有權針對當地情況制訂行政方針㊴。

埋怨中央政府忽略東南地區並不是新鮮事。太常丞史館修撰富弼曾在 1040 年發過同樣的感慨。他擔心東南九道與京師之間的運輸線可能會被盜匪切斷㊵。知諫院歐陽修的擔心程度比富弼還要厲害。他覺得盜賊比夷狄入侵還可怕，因此敦促政府先嚴厲執行管官吏的法令，並把這作爲治盜賊的一個辦法㊶。其次，他建議政府採取一些具體的步驟來減少盜賊㊷。這些建議比李覯所提的要明確些。李覯的提議實際上與范仲淹及歐陽修所提的整頓吏治的方案有些相像㊸。

二、軍事問題

在宋朝政府所面臨的許多問題中，抵禦西夏入侵可能是最要緊的，因爲危機已經存在；如果不好好對付，危機可能愈來愈深。可是，如果一些更基本的問題不能解決，軍事勝利可說是非常遙遠的。這些基本問題集中在軍事制度及兵器的製造上。

冗兵太多而君主又不信賴將領　宋朝軍隊的一個明顯特徵是兵員太多。這就產生兩個問題。第一，這些軍隊不一定能作戰。相反地，士兵可能都害怕作戰。「爲政者務兵多以彊國，而不知其弱國兵多則不擇，不擇則大抵怯耳」㊹。

另一個問題是維持士兵的費用太高。這一個問題又可以追溯到「把士兵的軍事任務與他的經濟功能分開」的決定上。在這一方面，宋朝的制度與古代「合軍經職守於一身」的制度正好完全相反。

> 士不特選，皆吾民也；將不改置，皆吾吏也。有事則敺之於行陣，事已則歸之於田里。無招收之煩而數不闕；無稟給之費而食自飽㊺。

宋朝的制度就很不同。它把士兵和百姓分離。其次，它不讓士兵從事經濟生產。「壘壁以聚之，倉庫以生之，羣眠類坐而不使，補死塡亡之不暇」㊻。

1043 年，李覯陳述了解決這些問題的方法。他引述了據說曾在齊國實施過的一個很能提高士氣的制度：

> 管仲相齊恒公作內政而寓軍令焉，故卒伍定乎里而軍政成乎郊。連其什伍，居處同樂，死生同憂，禍福共之。故夜戰則其聲相聞，緩急足以相死。其敎已成，外攘夷狄，內尊天子，以安諸夏[47]。

1029 到 1043 年間，宋朝有好幾位官員和李覯有同樣的看法，都認爲宋的冗兵太多。右司諫范仲淹在 1033 年指出士兵的數目必須減少，而留下來的士兵必須加以嚴格訓練[48]。刑部員外郎直史館同修起居注宋祁在 1039 年指出廂軍只是在浪費國家的衣食[49]。西夏的入侵使整個情況更加惡化。據太子中允館閣校勘歐陽修統計，1040 年間、宋朝屯駐在西北邊陲的部隊就有三十萬人之多[50]。兩年之後，兵士總數增加到七八十萬，可是沒有人能想出一個解決的方案來[51]。

宋朝政府也了解維持一個常備軍必須花費很多錢，因此曾試着去解決這問題。早在 1034 年，仁宗便命令他的宰執想辦法在農人和士兵之間維持一個適當的比率，這樣全國之內從事生產的人手便可以增加。可是似乎沒有人能滿足他的願望[52]。大臣們唯一想到的是試着去多設立幾個軍墾區，以便分擔一些軍隊的維持費。1041 年，西北地區的轉運使被同時任命爲營田使，以便管理營田事務[53]，可是這一種方法似乎並不曾有效地解決主要問題。

一直到 1043 年，范仲淹才以參知政事身分，建議政府恢復唐朝實行過的府兵制。壯丁每年必須接受三個月的軍訓，其他九個月必須回家種田。國家有需要時，這些壯丁便是動員的對象[54]。

范的建議與李覯的想法很相像。他們都希望減少維持軍隊的費用，而又不影響軍隊的作戰能力。他們又都希望能把以前已經行之有效的制度再在宋朝施行，雖然李所要的模範比范的又古老些、又更理想化些。

另外一個削弱宋軍的原因是心理上的因素。宋朝的君主對將帥的忠誠總是懷疑，因此想出許多辦法來節制將帥。辦法之一是派遣監軍到部隊去巡視，而這些監軍通常只是宮中的太監或階資很低的官吏。依李覯的判斷，這種辦法應該馬上取消：「大臣而尙可疑耶，則小臣胡爲而可信也？彼誠不忠耶，則不知有君矣，何憚於一小臣哉？」[55]李覯認爲改善君與將之間關係的責任主要在君主身上。他應該盡可能地去了解將帥，而一旦了解他們以後，就一定信任他們[56]。

1030 至 1040 年之間，《續資治通鑑長編》裏只記載了一件反對派太監任軍事視察員的事。知諫院富弼在 1040 年上奏章給仁宗皇帝，反對他派皇城使文州防禦使入內副都知王守忠做陝西都鈐轄。他指出，派太監擔任監軍的風氣起於唐朝，而這正是唐朝覆亡的原因之一。可是仁宗不聽他的勸諫[57]。除非我們能證明李覯曾從富弼在 1040 年所上的奏章裏獲得靈感，否則我們就必須承認，李覯在 1041 年所作的對監軍的批評是很有眼光的。

第三，李覯覺得君主對軍事行動最好不要干涉，除非在干涉之前曾經作過周密的考慮。這是君主必須遵守的一個原則，在戰爭時期尤其必須恪遵。道理很簡單——將帥的能幹與否不可以用一次戰役的成敗來衡量，而將帥與士兵之間的相互信任（這是一個部隊戰鬪力強弱的一個主要關鍵）並不是一朝一夕可以建立起來的[58]。

竊覯今之易將，誠以敗衂不稱故也。夫任人當審其賢不賢，未可責其勝不勝也。不賢而勝，非國之福也，適所以召敵也。賢而不勝，非國之患也，適所以儆之也[59]。

自從宋軍被西夏入侵的部隊打敗以後，只有太常丞直集賢院簽書陝西經略安撫判官田況曾作過與李覯相似的建議。田在1041年指出，除非他們犯了嚴重錯誤，將帥軍官最好不要輕易更換，因爲要求士兵接受上級指揮，通常需要一段訓練時間[60]。1043年，也就是李覯寫完他意見之後兩年，陝西招討使韓琦及范仲淹向仁宗作了一個類似的請求。他們敦勸政府不要因爲將帥偶而打了一兩次無關緊要的敗仗就降他們的級[61]。可是他們的請求純粹是以軍事的眼光作出發點的。他們的建議不像李覯那樣帶了很多道德的色彩在內。

武器的窳劣　健全的徵兵制度以及君主與將帥之間的互信都是獲得軍事勝利的必須條件，可是光靠它們還是不夠的。作戰時，武器的優劣也是一個成敗的關鍵：

……兵不利不若無兵之愈也。無兵則慎所擊，而遠於敗矣。甲不堅不若無甲之愈也。無甲則知所避，而免於死矣。有兵而不利，有甲而不堅，而假之以求勝，恃之以求生，則誤大事、取大禍，莫斯之甚也[62]。

宋朝官吏中間很少有人像李覯那樣看到兵器的重要。李覯覺得宋朝政府並沒有很注意兵器問題。他指出新製成的甲衣是用次等貨、便宜貨做成的，而郡國的兵器庫常常備而不用[63]。政府官吏不明瞭兵器不能立刻做成；製作的材料受生產地以及生產時間的限制。只有周密的計劃及嚴格地把計劃執行了才能解決兵器缺乏問題[64]。

李覯覺得製作有用的武器是可以責成一位負責的官員辦好的。可是這一位官員必須由朝廷特別委派來監督武器的製作，必須有權奬懲他的屬下以及工人，同時必須有經費去採購製武器的好材料[65]。

就這方面講，李覯比他同時代的多數人走得快。如果說還有人搶在他前頭，那就只有都官員外郎景泰了。景泰在 1038 年以前就曾指出宋朝的「器械鈍缺」[66]。其他官員如直集賢院歐陽修及御史中丞賈昌朝都是在 1042 年才開始埋怨宋朝的兵器不夠好[67]，在時間上，他們已比李覯晚了一年。

三、經濟及財政問題

宋朝的經濟及財政問題，可說與軍事問題一樣嚴重。大體上，它們分屬三個範疇：節省開支、改良土地利用法，以及平均差役的負擔。

節省開支　李覯確信，政府的開支絕對不應該超過經過合理賦稅而得來的收入；這是理所當然的事：

人所以為人，足食也；國所以為國，足用也。然而天不常生，其生有時；地不徧產，其產有宜；人不皆作，其作有能；國不盡得，其得有數。一穀之稅，一錢之賦，給公上者，各有定制。苟不量入以為出，節用而愛人，則……怨刺並興，亂世之政也[68]。

李覯認爲管理一國財政的辦法是先對可能收到的稅賦作一個大略的估計，然後設法去平衡收入與支出，而以有盈餘爲目標。這實在是《周禮》所建議的制度：「冢宰制國用，必於歲之杪，五穀皆入，然後制國用。用地小大，視年之豐耗，以三十年之通，制國用，量入以爲出」[69]。雖然李覯的主要意思（平衡全國收支）是對的，他的想法似乎還是太簡單了些。司封員外郎直集賢院兼天章閣侍講賈昌朝在 1039 年所上的奏章裏，便做了一個較爲實際的建議。他敦促仁宗把 1004 年以來的國家收支情形拿來與宋初的各項開支作一個比較；凡是不需要的開支，一律把它裁減[70]。1041 年，知諫院張方平作了一個相同的建議，他要求仁宗指派兩三位幹練的官員與三司合作，共同設法找出改善日益惡化的財政情況的辦法[71]。這些官員所作的推薦意見，又必須以宋朝從 1020 年代起到 1041 年止的實際收支作依據[72]。1042 年，賈和張的建議被政府接受了。朝廷委派賈、張及另外三名官員研究宋朝的財政[73]。李覯的意見可說是略略過了點時。

更有效地利用土地的辦法 不過，要是收入的來源一天比一天少，那麼超收的目標便無法達到，而宋朝的經濟卻似乎正朝這不稱心的方向走。土地擁有權以及財富正走向兩極化。富的人擁有千頃良田，而貧窮的人苦無立錐之地[74]。這種情況逼迫窮人走兩條路：不是去經商或做工，便是變爲雇農或佃農。可是，由於脫離耕種的人愈來愈多，佃農的數目便在銳減。另一方面，富農習慣於舒服的生活方式，他們對於不太肥沃的地就沒有興趣開墾；窮人雖然對那些地有興趣，可惜地非己有。結果是生產減少，政府稅收也跟着受影響。「地力不盡，則穀米不多；田不墾闢，則租稅不增，理固然也」[75]。

李覯覺得政府可以採取好幾個步驟來解決這問題。它可以在土地擁有權上設一個極限；可以把游民及多餘的工匠和商人驅回農村當自耕農或佃農；並且恢復秦漢時期授官階給開墾荒地的人的辦法：

> 昔晁錯言於文帝，募天下入粟縣官，得以拜爵。今宜遠取秦漢[76]，權設爵級，有墾田及若干頃者，以次賞之。富人旣不得廣占田而可墾闢，因以拜爵，則皆將以財役傭，務墾闢矣[77]。

就「注意到未開墾地」問題來說，李覯是無獨有偶的。1040年 12 月，太子中允館閣校勘歐陽修也曾指出，有很多人不事生產，而另一方面，有許多地還未開墾[78]。事實上這一個問題由來已久。宋朝政府似乎曾作過多次努力，鼓勵人們去開墾土質較差或沒人耕種的地，可是沒有效果。譬如說，1029 年 11 月，政府曾經宣布：凡是回到已經放棄了的土地的農民，可以免賦役五年，並減少百分之八十的舊稅[79]。四年之後，政府頒令，要有些地區離開鄉里的流民回到他們舊居去，並且重操舊業；能夠遵守命令的人，可以免賦役一年；不遵守命令的人在限期滿後便不再給耕地權[80]。

另一方面，雖然有人建議政府授官階給有功於軍營的百姓，卻很少有人主張授階給開墾荒地的人。1040 年 4 月，陝西安撫使韓琦請求政府授官階給雇人夫修築邊城的富人[81]。兩個月以後，太子中允權簽書涇原秦鳳經略安撫判官尹洙建議政府授官爵給那些能替士兵修葺營房的人[82]。

李覯的意見很特出。可是他在處理土地問題時，似乎並沒有把所有重要的因素都考慮進去。有些農民之所以拋棄耕地，是因爲加在他們身上的差役重得無法負擔。

減少差役的豁免權 土地所有權方面的不平等，可以總結到一些自然和人爲的因素（譬如人口的增加和精明的地主的操縱）上去，可是另外有一種不平等（卽差役），政府卻必須負責[83]。

李覯覺得社會上之所以產生這一種不平等，是因爲宋朝政府擴大了免差役的標準，以致眞正服差役的人，最後總是鄉間的中產階級：

> 古之貴者，舍征止其身耳。今之品官，及有蔭子孫，當戶差役，例皆免之，何其優也！承平滋久，仕宦寔繁，況朝臣之先，又在贈典，一人通籍，則旁及兄弟，下至曾孫之子，安坐而已。比屋多是衣冠，素門方係繇役[84]。

解決這一個問題的方法是把免差役的特權只給予少數官員以及蔭官。

> 愚謂三丞[85]以上官及正郎以上子孫，若贈官兩省以上，自可且從舊制，其餘一例給使[86]。

據李燾記載，1029 年到 1055 年之間，曾有三位宋朝官員對差役問題發表過意見[87]。他們指出不公平的原因在於每一鄉被差的次數與那一鄉的生產力不成比例[88]，補救辦法在於取消里正衙前，而用鄉戶衙前來替代。新制度將從每一縣裏抽最富有的戶口來承擔最重的差役責任，這樣就把貧窮地區的差役給減低了[89]。可是這三位官員都不曾像李覯那樣把享有特權的官僚階級的增加當作是差役制度惡化的一個因素[90]。

四、社會問題

政治、軍事以及財政方面的問題，宋朝政府要負擔責任，可是一般老百姓也有些習慣應該受到譴責。有些人被奢侈品引誘走了，又有些人一心追求別出心裁的時尚。

熱愛奢侈　　人的習性之一是尋求別人的尊崇。不幸這一個習性與花錢結下了不解緣。「夫奢則以爲榮，儉則以爲辱；不顧家之有亡，汲汲以從俗爲事者，民之常情也」[91]。

百姓愛奢侈當然是宋朝社會的一個特徵。有許多農夫顯然就是爲了要多得一點利潤才把耕種放棄，而他們的賺錢方法，是生產及運送日常生活裏的非必需品[92]：

> 今也民間淫侈亡度，以奇相曜，以新相夸。工以用物為鄙，而競作機巧；商以用物為凡，而競通珍異。或旬月之

功而朝夕敝焉，或萬里之來而墜地毀焉[93]。

李覯認爲政府至少可以採取兩種方法來抑制百姓喜愛奢侈所引起的不良後果：一、政府可以用一個地區的生產力大小來規定百姓的消費。如果某一個地區土地肥沃、物產豐盛，那麼那一個地區的百姓便可多花費些；不然就得節約[94]。二、政府可以按每個人的社會地位來規定他的消費。譬如說，具有同等社會地位的人就必須穿相似的衣服[95]。

宋朝的官員似乎很少人像李覯那樣爲這類事操心[96]。也許他們覺得宋朝政府已經在限制百姓消費上盡了它的力。的確，在1031年到1040年間，政府曾多次宣布，禁止百姓用奢侈品；它不許百姓用朱紅色的器皿[97]，「織錦背、繡背及遍地密花透背」[98]，以及鏤金首飾[99]。最細密的敕令，也許得數1036年8月所頒的那個。政府禁止一般百姓及低階官員在建屋、室內裝璜、用器皿及座騎方面有特權階級的標誌[100]。李覯的埋怨也許可以拿來提醒我們：政府的那些措施，可能都沒什麼效。

冗民的增加 老百姓的愛奢侈當然應該勸減，可是，這種錯誤畢竟還是算小的，因爲這些百姓至少還在從事生產；而他們的過錯，在於過度地貪享財富。另外有一些人本身並不從事生產，因此應該給他們特別制裁。

第一類不事生產的人是佛教信徒。他們的存在增加了農民的負擔，而他們的教條爲國家帶來了經濟及社會的問題。因爲這些信徒逃避了繳稅和服勞役的義務，而他們的獨身主義減少了婚姻的機會，導致許多女孩無法成家。其次，他們自己的父母年老時缺少人照顧。佛寺的成立又爲政府帶來許多難題。譬如說，佛寺擁有的土地通常很肥沃，可是它們是免稅的。另外，建造或修葺佛寺有時候又恰好趕在農忙季節[101]。

第二類不應受歡迎的人物是由巫、密醫及算命人所組成的。「或托淫邪之鬼，或用亡驗之方，或輕言天地之數，或自許人倫之鑒」[102]。

最後，社會上又有無數的倡優[103]。他們到處流浪並且和一般老百姓雜混居住。他們的表演使一般百姓浸淫在各式各樣的浪費活動裏。

> 今也里巷之中，鼓吹無節、歌舞相樂、倡優擾雜，角觝之戲、木棋革鞠、養玩鳥獸，其徒無數，羣行類聚，往來自恣，仰給於人[104]。

爲了要去除這許多類不事生產的人，李覯建議政府禁止一般百姓出家做和尚，同時禁止他們建廟修寺[105]。政府也應該禁止巫婆和算命人操業[106]。國家應該設醫學院來訓練合格的醫師，這樣密醫就會消失[107]。政府也要規勸一般中上戶人家不再邀請戲子或歌女參加他們的宴會，並且不許普通百姓演奏音樂。如此一來，以歌娛爲生的人就會絕跡[108]。

在社會問題方面，有好幾位宋朝的官員與李覯有相同的意見——特別是就佛教徒的增加這一節來說，他們的意見更是相合。1039 年，司封員外郎直集賢院兼天章閣侍講賈昌朝就曾批評那些不耕不織的人[109]；而刑部員外郎直史館同修起居注宋祁埋怨說僧道的人數太多而各種道場祭祀花費太大[110]。另外一位官員，直史館蘇紳，敦促政府去除多餘的佛教徒[111]。這幾點建議可以證明宋朝政府在 1033 年所作的「調查並減少僧道人數」的努力是無效的[112]，它們也間接地證明了李覯的抱怨並不是無的放矢。

五、全面的補救：對改革者的期待

李覯一方面指出了宋朝政治、軍事、經濟與財政，以及社會上的種種問題，另一方面，又提出了解決這些問題的方法。這表示說他是很希望改變現狀的。他之不斷地寫信給范仲淹、富弼，以及孫沔表示他對當朝的高官有厚望：他指望他們能負起領導的責任來。1039 年以後，他的期待愈來愈殷切。我們可以從兩方面來剖析這問題。

從他的哲學觀點看，李覯是傾向於接納改良性意見的[113]。他相信常和變是互相補襯的[114]。這一點在危機時期尤其正確。「夫救弊之術莫大於通變」[115]。

李覯的權變信念是有聖人的先例作基礎的。譬如說，孔子的有些行為可能給人一個行為不當的印象：他跑去拜訪南子[116]很可能是因為他無法抵抗女性的誘惑；他說魯昭公知禮[117]，暗示他可能沒說眞話[118]。可是孔子實際上是順着當時的環境處置事情[119]。同理，周公改變了文王的法令，也是順應着當時的需要，因此也是說得過去的。「聖人因時制宜。文王之時與周公之時異，故文王以其時而言，周公以其時而變也」[120]。

就時局的演變而論，李覯對宋朝政府處置西夏入侵的搖擺不定態度感到沮喪。他心裏非常希望宋朝的兵力能夠變強。1044 年，當范仲淹被任命為參知政事時，李覯的困惱，就透過對古代霸王的讚譽而表現了出來：

> 儒生之論，但恨不及王道耳，而不知霸也、强國也，豈易可及哉？管仲之相齊桓公，是霸也；外攘戎狄，內尊京師，較之於今何如？商鞅之相秦孝公，是强國也；明法術耕戰，國以富而兵以强，較之於今何如[121]？

很明顯地，李覯在范仲淹身上是寄託了希望的。可是范及他同僚所發起的慶曆新政並沒有實行很久。倡導新政的幾位首領連他們自己的職位也無法保留到一年以上。李覯的希望因而轉移到可以發起改革的英雄人物的身上。他的英雄人物的典型不是別人，正是那兩位曾經使霸王出現的功臣，管仲和商鞅。在他上孫沔（孫當時是荆湖南及江南西路的安撫使）的書裏，李覯說：

> 嗟乎！弱甚矣，憂至矣，非立大奇，不足以救。愚言雖未奇，節下亦無忽。勿與儒生言，儒生必罪我；勿與俗士知，俗士且笑人。管仲復生，商君不死，天下乃安矣[122]。

由於他相信儒生會因爲他的意見而歸罪於他，可見李覯本人對他採納法家的想法是有自覺的。可是由他「期待改革家出現」這一點來論，他依然還是保留了儒家的兩大看法：儒家的政府目的論以及人治論，而後者是與法家的任法觀點相背的。不過他夢寐以求的英雄人物卻是一般公認的法家[123]。

*　　*　　*　　*　　*

李覯覺得他所處的社會有許許多多問題：皇帝及王室用錢太費；官吏不克盡他們的職責；考試制度必須作大幅度修正；冗兵必須淘汰，而軍政和民政必須協調。君主與將帥之間的關係有待改善，而兵器的製造必須由負責的官員監督。政府的開支不能超出稅收。所有的可耕地必須耕種，而差役的負擔必須平均。其次，百姓的嚮往奢侈必須加以節制，而冗民的數目必須減少。

這些問題必須由有眼光及有權力的人來一一解決，否則它們必定會延續下去。時代需要改革家，而李覯所嚮往的典型是管仲和商鞅。這兩個人都是被一般人公認爲法家的人物。

李覯的綺夢是否曾在有宋一代實現？如果他能活着見到王安石所推行的新政，他會作何感想？李和王之間有什麼關係？爲了要解答這一系列問題，且讓我們再來作一番研究。

附 註

❶ 「省宮室之繕完，徹服玩之淫靡；放宮女以從伉儷，罷樂人以爲農業。」見《李覯集》，頁 300。

❷ 見前引書。

❸ 「天子器用、財賄、燕私之物，受貢獻、備賞賜之職，皆屬於大府。屬於大府，則日有成、月有要、歲有會……」見前引書，頁76。

❹ 「自今願常以土木之勞爲戒。」見《續長編》卷 112，頁 20 下。

❺ 「邇來用物滋侈，賜予過制……」見前引書卷 114，頁 21 下。

❻ 「今民間傳陛下比年稍邇俳優賤人，燕樂踰節，賜予過度……」，見前引書卷 121，頁 4 上。

❼ 「戊申出宮人二百」，見前引書卷 113，頁 14 下。仁宗之所以會出宮人，也許是因爲要調和平衡一下宮中的陰陽之氣。不過這只是猜測之詞，因爲《續長編》裏的資料不足拿來肯定或否定這一猜測。

❽ 「乙丑放宮人二百七人。」見前引書卷 123，頁 9 下。

❾ 「壬子，內出詔書，減皇后及宗室婦郊祀所賜之半，著爲式。」見前引書卷 136，頁 4 下。

❿ 「臣不知今來宮中人數幾多？或供事有餘，宜降詔旨，特令減放，以遂物性」，見前引書卷 143，頁 28 下。

⓫ 「省聲色之娛，杜奢淫之好，絕畋遊之樂，節臺榭之觀，順四時而安玉體，親萬物而奮宸斷，陛下日虞外難，固當力行自致……」，見前引書卷 143，頁 23 下。

⓬ 李覯建議把皇室的財產統統交給大府管理，而大府每日、每月、每年都得有賬。這些賬必須由一名官員負責稽查。他得賦與獎懲大府職員的權力。見《李覯集》，頁 76。

⓭ 這一個譴責不免涵蓋太廣以致有失公正。我自己讀《續長編》時，便被幾十位官員的行爲深深感動。范仲淹、歐陽修、韓琦、富弼及余靖是其中幾個佼佼者。

⓮ 見《李覯集》，頁 307-8。

⓯ 見前引書，頁 348。這文章寫於 1052 年。如果李覯曾解釋「繩

墨」這兩字的意義，則對我們便大有幫助，因爲他曾於 1043 年主張官員們遵行《周禮》裏面的詳細規定，而這兩種立場似乎並不相容。詳見下一段分析。

⑯ 見前引書，頁 105。

⑰ 「吏員滋多，而甄別未至。居官者以因循自守，不務遠圖；求進者以必遂爲限，無嫌苟得。」見《續長編》卷 114，頁 4 下。

⑱ 「外則逐刺史縣令無狀老儒貪殘之輩，以利於民；內則罷公卿大夫不才諂佞詭誕之士，以肅於朝。」見前引書卷 115，頁 21 下。1041 年 5 月，他再一次提出這建議。見前引書卷 132，頁 3。

⑲ 「夏竦、陳執中皆朝廷大臣。凡有邊事，當付之不疑。今但主文書、守詔令，每有宣命，則緜錄行下；如諸處申稟，則令候朝廷指揮。如此則何必以大臣主事?」見前引書卷 132，頁 24 上。

⑳ 「州通判縣令，因擧薦擢任者少，以資考序進者多」，見前引書卷 141，頁12下「宜倣祖宗舊制，於文武臣中不次超擢，以試其能。」見前引書卷 142，頁 18。「今後兩地臣僚有大功大善，則特加爵命……」，見前引書卷 143，頁 2 下。

㉑ 「今欲乞特立按察之法……只勞朝廷精選二十許人充使，別無難行之事。」見前引書卷 141,頁 3下。又見卷 143,頁 7-8；卷 144，頁 5 下。

㉒ 「宜循漢唐故事，行考課法……從之。」見前引書卷127,頁7下-8上。

㉓ 「癸未，詔磨勘院，自今提點刑獄朝臣代還，列功過三等以聞……」，見前引書卷 135，頁 6 下。

㉔ 「自今兩地臣僚非有勳德善狀，不得非時進秩；非次罷免者，毋以轉官帶職爲例。」見前引書卷 144，頁 9 上。

㉕ 「古道不逞，辭科浸長，不由經濟，一出聲病。」見《李覯集》，頁 292。又見頁 171-2，頁 287。

㉖ 見前引書，頁 172。這文章作於 1041 年。

㉗ 李覯對考試的批評以及他討厭糊名制度的態度，跟宋朝一般理學家的心態是相投的。

㉘ 見前引書，頁 104。這文章寫於 1043 年。李覯常常批評他所處時代的考試制度。1036 年，他到開封去遊覽並拜訪聶冠卿等四位官員時，他曾公開闡明他的看法。1041 及 1043 年，他又把他的看法

筆之於書。可是，1041 年下半年他到開封去應制科考試時，他收斂了他的憤疾之情。他在致王堯臣等四位官員的信裏，避免了所有對考試制的批評。他之這麼做有他不得已的處境上困難，不過也許有點機會主義色彩。

㉙ 七館包括國子監、太學、四門學、律學、書學、算學及廣文館。見前引書，頁 333。

㉚ 見前引書，頁 172。此文寫於 1041 年。

㉛ 「其……素已成就，不在學者，則循舊貢舉。」見前引書。

㉜ 「尙慮有遺，則莫若使大臣得舉所知。」見前引書。

㉝ 1029 至 1038 年間，宋朝政府以前一項標準作爲制科考試的取人準繩（見《續長編》卷 107，頁 11 下及卷 122，頁 4），可是在擧行進士考試時，卻斷斷續續地同時應用這兩項標準（見《宋會要》選擧第三，頁 16 下，頁 17-19；《續長編》卷 113，頁 7下）。

㉞ 李淑曾上疏說：「一日之藝，未極所長；數日考覆，難盡其當。」見《續長編》卷 114，頁 7 上。富弼是另外一位作相同建議的人。1042年 2 月，他擔任知制誥時，指出殿試的時間太短，無法測出應考人的能力。見《宋會要》選擧第三，頁 22-23。

㉟ 「臣請重定外郡發解條約，須是履行無惡、藝業及等者，方得解薦……。」見《續長編》卷 143，頁 7 上。1044 年 3 月，翰林學士宋祁及另幾位官員建議朝廷在全國各地增設學校。其次，他們認爲觀察應考人的品格應該是教育中不可缺少的一環。見《宋會要》選擧第三，頁 23-24。這可能是范仲淹新政的後繼。

㊱ 「當今天下根本在於江淮。天下無江淮，不能以足用；江淮無天下，自可以爲國。」見《李覯集》，頁 302。此文寫於 1044 年。

㊲ 見前引書，頁 305-6。

㊳ 「……凡守大藩，如古方伯連帥者，且宜愼柬，每十數郡得一俊傑以臨制之，亦足以有爲矣。」見前引書，頁 306。

㊴ 「至如荆、潭……諸部，宜命大臣爲之節制，重其操柄，許以便宜，辟召豪傑，咨詢計策，淹之歲月，庶可鎭安。」見前引書，頁 304。

㊵ 「此九道者，朝廷所仰給也，固宜保守之。今盡取其兵，且不加保守，一日乘虛盜起，梗其津要，則京師無故而坐困矣。」見《續長

編》卷 128，頁 8 下。由於李覯只在致富弼的兩封信（一封寫於 1044 年，另一封寫於 1055 年）裏批評政府忽略東南的政策，而富弼又恰好是朝廷裏唯一埋怨政府這種政策的官員，我在懷疑，李覯會不會是故意談這一個問題，以便引起富弼的注意。

㊶ 「臣謂夷狄者，皮膚之患，尙可治；盜賊者，腹心之疾，深可憂。」見前引書卷 141，頁 14-5。

㊷ 「方今禦盜者不過四事：一曰州郡置兵爲備；二曰選捕盜之官；三曰明賞罰之法；四曰去冗官、用良吏。」見前引書卷 143，頁 30-31。

㊸ 見本書，頁 116。

㊹ 見《李覯集》頁 243。

㊺ 見前引書，頁 91。

㊻ 見前引書，頁 91-92。

㊼ 見前引書，頁 92。

㊽ 「國家重兵悉在京師，而軍食仰於度支，則所養之兵不可不精也。」見《續長編》卷 112，頁 19 上。

㊾ 「天下廂軍不任戰而耗衣食」。見前引書卷 125，頁 4。

㊿ 「今三十萬之兵食於西者二歲矣，又有十四五萬之鄉兵不耕而自食其民。」見前引書卷 129，頁 12 下。

51 集賢校理歐陽修上疏曰：「……今沿邊之兵，不下七、八十萬，可謂多矣。」見前引書卷 136，頁 9 上。

52 「執政大臣其議更制兵農可以利天下、爲後世法者，條列以聞。」見前引書卷 114，頁 1 下。

53 「戊寅，詔陝西四路部署及轉運使並兼營田使，轉運判官兼管勾營田事。」見前引書卷 134，頁 16 下。

54 「請約唐之法……使三時務農……一時教戰……。」見前引書卷 143，頁 11。

55 見《李覯集》頁 161。

56 「與其用之之疑，曷若取之之愼？」見前引書，頁 160。這文章寫於 1043 年。

57 「知諫院富弼言：唐代之衰，始疑將帥，遂以內臣監軍，取敗非一……願罷守忠勿遣。不聽。」見《續長編》卷 126，頁 6 下。

58 「……一旦而易之，則雖賢矣，雖仁矣，上恩不可一言而洽也，下情不可一顧而通也，卒然用之，則安能有以爲哉？」見《李覯集》頁 162。

59 見前引書。這文章寫於 1041 年。

60 「今請諸路將佐非大故無得輒換易，庶幾責其成功。」見《續長編》卷 132，頁 13 下。

61 「乞朝廷以平定大計爲念，當軍行之時，不以小勝小衄黜陟將帥……。」見前引書卷 139，頁 15 上。

62 見《李覯集》，頁 158。

63 「……郡國兵庫，或久不啓；戰守之具，未嘗修飾。」見前引書，頁 159。

64 「天有時、地有氣、材有美、工有巧，合此四者，然後可以爲良。凡器皆然，況於兵乎？」見前引書，頁 158。

65 「愚以爲天下造兵，宜專命守臣以蒞之，總置使名以督之……。」見前引書，頁 159。

66 見《續長編》卷 128，頁 13下 。

67 「鐵刄不鋼、筋膠不固、長短小大、多不中度……此有器械之虛名，而無器械之實用也。」見前引書卷 136，頁 8；卷138，頁9。

68 見《李覯集》，頁 75。

69 見前引書，頁 84。這文章寫於 1043 年。

70 「當今之務，取景德已來迄於景祐，凡百度用靡有巨細，校其所入所出之數，約以祖宗舊制，其不急皆省罷之。」見《續長編》卷 123，頁 13。

71 「臣欲乞於兩省已上官，選差才敏之士三兩員，就三司與使副據國用歲計之數，量入爲出……校其利害之原，以革因循之弊……。」見前引書卷 135，頁 18。

72 「欲乞且令三司將天聖中一年天下賦入之數，及中外支費之籍，與昨一年比並條上，則國家之大計，可較而知矣。」見前引書。

73 「夏四月……戊寅，命權御史中丞賈昌朝、……知諫院張方平……同議裁減浮費。」見前引書。

74 「貧民無立錐之地，而富者田連阡陌。」見《李覯集》，頁 135。影響財富兩極化這過程的兩個因素是人口增加及諸子共同繼承法。

農田的平均面積愈來愈小，耕種變得很不經濟。這種情況一定導致很多農民放棄農田，改就他業。有些地主透過購買擴充了土地所有權，農村的財富兩極化遂愈來愈顯著。

75 見《李覯集》，頁 136。

76 遠紹秦漢以獲取靈感並不是宋朝理學家的習慣。1032年李覯寫《禮論》時，曾鄙視這兩個朝代。見《禮論》第七。這種態度才較像理學家的風尚。看來李在 1041 年時已變得溫和些了。

77 見《李覯集》，頁 136。

78 「地之產物者耕不得代，而不墾之土尚多。」見《續長編》卷129，頁 15 下。

79 「詔逃田十年見荒閒者，聽百日復業，與免賦役。後五年與減舊稅十之八。」見前引書卷 108，頁 14 上。

80 「詔開封府……明道二年以前流民去鄉里者，限一年令歸業，仍蠲賦役一年。限滿不至者聽人請佃之。」見前引書卷 113，頁 15上。

81 「請聽富民自雇人夫修築，三萬工與借職齋郎……從之。」見前引書卷 127，頁 3 下。

82 「請鬻爵爲士兵葺營房……。」見前引書，頁 12。

83 見本書，頁6。麥克耐指出這種差役是由不給償的百姓提供的。他們通常被政府調去服役一個時期。他們的工作種類包括收稅；把公文送到鄉間去或取到城鎮來；以及編製財政及人口的表册。里正衙前的責任是護送稅款或官吏到京城去。他們有時候必須跋涉好幾百里路，而這種職使可能令他們遭受重大損失。見麥克耐《南宋的村莊與官僚》，頁 9-10，頁 25-26。

84 見《李覯集》，頁 312。李覯在這裏似乎把問題過分簡化了。差役重擔的分配的確是不平均的，可是負擔這差役的是富農而不是貧民（因官員濫用職權以致貧民負擔差役的不計）。譬如說，北宋剛成立那幾十年裏，各州各郡的民戶被分爲九等。只有上面的四等才需擔負差役。見《宋史》卷 177，頁 1 下。

85 「三丞」，我的推斷是指御史中丞及尚書左右丞而言。這三者官階較高，且較近，同時都有丞作底。

86 見《李覯集》，頁 312。

87 他們是知幷州韓琦、知制誥韓絳及蔡襄。

88 「每鄉被差疎密與物力高下不均。」見《續長編》卷 179，頁 7-8。

89 見麥克耐前引書頁 28-29。

90 據聶崇岐教授研究，「官吏枉法貪虐」也是役法弊敗的一個原因。見聶崇岐《宋史叢考》頁 21-2。

91 見《李覯集》，頁 82。又見頁 174。

92 對這問題再思以後，我覺得農夫之拋棄農耕生活及從事商工，雖然不合古訓，也許是出於不得已，同時又由於想牟利。這種轉業現象可以視爲社會變化的一個起頭。就其本身言，必不需要對之大張撻伐。李覯之所以痛詆商工，也許是因爲它們並不直接幫助宋朝國力的增加，而宋朝在 1038 年之後，因受西夏入侵，亟需提高國力，以求生存。

93 見前引書，頁 138。這文章寫於 1041 年。在此李覯似乎受到法家影響。法家重農而鄙視工商。見《商君書》卷 1，頁 10 下-11。

94 「爲之禁令：地嬂收多，則用之豐；地惡收少，則用之省。」見《李覯集》，頁 82。此文寫於 1043 年。

95 「六曰『同衣服』，謂民雖有富者，衣服不得獨異也……。」見前引書，頁 118。此文寫於 1043 年。又見頁 174（作於1041年）。這一個主意似乎是由《管子》這書引出來的。「度爵而制服……雖有賢身貴體，毋其爵，不敢服其服。」見《管子》<立政>第四，卷 1，頁 16 上。

96 至少有一位官員（扈偁）同意李覯的看法。「太常少卿直昭文館開封扈偁言：京師……士民僭侈無法……請條約之。」見《續長編》卷 118，頁 4上。

97 「己亥，禁民間造朱紅器。」見前引書卷 110，頁 3上。

98 見前引書卷 114，頁 15 下。

99 「庚寅，禁鏤金爲婦人首飾等物。」見前引書卷 116，頁 12 上。

100 「己酉，詔天下庶士之家，屋宇非邸店樓閣臨街市，毋得爲四鋪作及鬭八……。」見前引書卷 119，頁 3-4。

101 「不易之田，樹藝之圃，大山澤藪，跨據略盡，其害六也。營繕之功，歲月弗已，驅我貧民，奪我農時，其害七也。」見《李覯集》，頁 141。此文多半寫於 1041 年。

102 見前引書，頁 139。

⑩③ 事實上李覯還批評了工人、商人及官府的胥吏。見前引書，頁138-39。先前我曾介紹過李覯對工商業者的意見。他對胥吏的評語我就省略掉了。

⑩④ 見前引書，頁 139。以上這些意見似乎是由《商君書》中引申出來的。不過李覯的批評態度是比較溫和的。「農戰之民百人而有技藝者一人焉，百人者皆怠於農戰矣。」見《商君書》卷 1,頁 9 下。

⑩⑤ 見《李覯集》，頁 139。

⑩⑥ 見前引書，頁 140。

⑩⑦ 見前引書。

⑩⑧ 見前引書。

⑩⑨ 「不耕不織，游惰之俗，蠶食爲害。」見《續長編》卷123,頁13上。

⑪⓪ 「道場齋醮，無日不有。」見前引書卷 125，頁 5。

⑪① 「欲食之足則……去兵釋之蠹……。」見前引書卷 125，頁 14上。

⑪② 「冬十月……甲辰……命翰林學士承旨盛度等詳定裁減天下歲所度僧道人數。」見前引書卷 113，頁 7 上。

⑪③ 不過這些改革性見解總是有古書作依據的。

⑪④ 「常者，道之紀也。道不以權，弗能濟矣。」見《李覯集》，頁41。

⑪⑤ 見前引書，頁 28-29。這文章多半是寫於 1039 年。

⑪⑥ 南子是衞靈公的夫人，以淫亂稱。事見《論語》卷 6<雍也>。

⑪⑦ 孔子之所以說魯昭公知禮，是因爲他相信做臣子的有義務爲君主掩飾過錯。事見《論語》卷 7<述而>。

⑪⑧ 「子見南子似不正；昭公知禮似不直。」見《李覯集》，頁 331。

⑪⑨ 「應時遷徙，各得其所。」見前引書

⑫⓪ 見前引書，頁 212。此文寫於 1036 年。

⑫① 見前引書，頁 299-300。

⑫② 見前引書，頁313。李覯對管仲一直有好感，曾一再引用他的見解。如果管仲當年不奢侈，他更能贏得李的尊敬。見前引書，頁 136，頁 142，頁 155，頁364。他對商鞅則褒貶互見。他厭惡商鞅「干人骨肉，不避父子。」見前引書，頁 370-371。

⑫③ 李覯於 1053 年寫《常語》時，對管仲有溢美，對孟子有責難。朱熹認爲李覯這種見解失了分寸。見黃宗羲《宋元學案》<高平學案>，<常語辯>，卷 2，頁 30-38。

第七章　李覯與王安石

王安石於 1069 年登上相位執政。從那一年起，他推行了一連串的新政，目的在於改善宋朝全國的狀況。這一切彷彿是在回應李覯對大改革家的期待。由於李覯和王安石在政治思想方面有許多相似的地方，好幾位學者因而建議李覯是王安石的先驅❶。有些人認爲他們兩人一定相識❷。

究竟這兩個人之間的關係如何？他們兩人曾見過面嗎？李可不可能直接或間接地影響了王？

一、李與王之間的關係

胡適覺得李與王在看法上的相似是因爲兩人都是從江西這一省來的❸。可是，這種地理因素並不能充分解釋思想上的相同。從同一地區來的人，或甚至是一家人，可能會有非常不同的想法。歐陽修和王安石都是江西的世家❹，1069 年以前他們也曾是來往很密的朋友，可是他們對新政的看法就不相同。卽使是王安石自己的弟弟安國，也並不完全支持他哥哥的所有新政。

《中國思想通史》裏寫李覯這一章的作者認爲李與王彼此認識❺。這一個結論下得太匆促，因爲這位作者誤解了「某與納焉」這一個片語的意思，而這一個片語正是他得出李王相識這一推論來的主要依據。事實上，在這一片語的出處（一段信）裏，王安石只提到收信人（王景山）把他和李覯及曾鞏放在一起，並未說他和李曾見過面：

> 書稱歐陽永叔、尹師魯、蔡君謨諸君以見比。此數公今之所謂賢者，不可以某比。足下又以江南士大夫為能文者，而李泰伯、曾子固豪士，某與納焉。江南士大夫良多，度足下不徧識，安知無有道與藝，閉匿不自見於世者乎？特以二君概之，亦不可也。況如某者，豈足道哉❻!?

我在李覯及王安石的文集裏沒找到任何其他證據足以證明李與王曾直接見過面。可是，有好幾個人是李與王都認識的。他們可能曾經把李介紹給王，或把王介紹給李。

第一位可能的人物是范仲淹。范在 1040 年就認識李，而且，從那一年起，他們曾見過好幾次面❼。1049 年及 1050 年，兩度向朝廷推薦李，希望朝廷授官階給李的，不是別人，正是范仲淹。而范的第二次推薦，朝廷接受了，於是李的終生願望達到了。我不知道范與王之間的關係究竟好到什麼程度，雖然他們的新政有許多相似的地方。可是，據王說，范似乎在 1052 年以前就賞識了王的才華，而王對這點是很感激的❽。這也許正是王在范去世後洋洋洒洒地寫出〈祭范穎州文〉來的原因❾。范可不可能在與王見面或通信時提到李的名字呢？

第二位可能把李介紹給王的媒介是余靖。余早在 1030 年就認識李了，而他們的友誼似乎延續了很長一段時期。1045年，余向朝廷推薦李，希望朝廷能給李一官半職，可是朝廷沒接受[10]。余也認識王，而他們兩人似乎是好朋友。因此，當余在 1055 年（也正是儂智高的叛亂被敉平以後三年）修完桂州的主城城牆之後，王寫了一篇文章慶祝他，並且在文章裏讚許余的才幹[11]。余可不可能有意無意地向王提到李的名字及文章，從而促使他們彼此相識呢？

第三位李與王共同認識的人是祖無擇。早在 1042 年，祖就認識李了，那時候李正在開封參加茂才異等制科考試。這以後兩人一直是好朋友。他們常常互相交換詩詞[12]。其次，每次李寫完一些重要的文章，他就寄給祖、請他評論，而祖似乎也很欣賞那些文章[13]。這一位祖也正是 1046 年與王通信並贏得後者尊敬的祖[14]。1059 年到 1063 年之間，他們兩人同在集賢院工作。王在 1063 年 8 月因爲他母親去世，辭去了集賢院的工作[15]。雖然在 1063年以後，王對祖有了意見，因而兩人不再有親密來往[16]，但是在那一年以前，他們似乎很處得來。他們在一起作詩[17]，而王因爲年資較淺[18]，對祖很有禮貌。

讀者想必記得，李於 1057 年被朝廷任命爲太學說書[19]。1059年正月，胡瑗辭去兼管幹太學的職位，李奉命暫時替代[20]。他不久就請假一個月，以便回家鄉去，而他動身回江西的時間可能是1059年 6 月[21]。我不知道祖那年那月開始到集賢院去工作，但他從 1057 年正月開始便已經在那兒了，而這是有資料可查的[22]。如此算來，李在 1059 年6月動身回江西時，他和祖曾同在京師住了至少一年六個月。他們很可能還是很要好的朋友，常常彼此探訪。

在同一時期內，王也在京師工作。1056 年 7月，他奉命作考官㉓。1058 年 10 月，他被升作度支判官㉔。1059 年5月，他又奉命到集賢院工作㉕。由於王和祖曾在 1046 年通過信，他們不是很可能在公餘互相彼此訪問？這種情況在 1059 年5月王加入集賢院以後更可能發生了。「經過祖的介紹，李和王見面了，彼此開始交談，並且逐漸了解彼此的想法」不是很可能嗎？如果祖在李生前沒有介紹李和王相識，那麼1059年8月李去世之後，祖不是很可能非常惋惜老友的早逝，因而開始向他的年輕同事(王安石)提起李的爲人與著作，甚至把李給他的作品拿給王看嗎? 王在1060年以前，對於金穀的事十分生疏㉖。他可不可能在看了李的著作以後獲得一些靈感，並且和李一樣，相信《周禮》裏所述的原則可以用來解決宋朝社會上所面臨的種種問題呢？

我還沒有找到確切的證據來幫助我們決定，到底這三個可能的媒介裏，那一個實際上的確做過媒介。從現有資料看來，祖成爲媒介的可能性最大㉗。

人與人之間的接觸雖然對思想的傳遞與交流是重要的，它的重要性仍然不及兩人觀點的實際脗合。李和王到底在思想上相合到什麼程度呢？

以下是一點一滴地對李和王的比較。我會先探討王的理論家成分，然後看他繼承古學時純雜的程度，最後再察看他的社會評論家和新政推行人的成績。

二、王的儒家理論家成分

李覯的文明演進史裏所用的素材多半是從前賢的著作採來的，可是他用心去寫這演進史，卻反映出他對理論性題材的興趣。也許正是因爲他有這種興趣，他最後才能把儒家的政治理論再往前推一步。這一項工作完成於 1030 年代初，我們在本書第五章裏已經討論過了。

王對理論性題目似乎不太有興趣[28]，可是他偶而也會對文明的演進思索一下。他覺得文明的演進並不永遠是直線發展的。相反地，它經常有「被人的狂妄行爲拖回人類初初開始發展的原始狀態」的危險。這種悲劇之所以還未曾發生，得歸大部分功於聖人的努力：

> 太古之人，不與禽獸朋也幾何？聖人惡之也，制作焉以別之。
>
> 下而戾於後世，侈裳衣、壯宮室，隆耳目之觀，以嚻天下。君臣、父子、兄弟、夫婦皆不得其所當然。仁義不足澤其性，禮樂不足錮其情，刑政不足網其惡，蕩然復與禽獸朋矣。聖人不作，昧者不識所以化之之術，顧引而歸之太古[29]。

跟李覯對文明演進史的分析比較，王的分析就顯得粗糙而且缺乏推理。王沒有提人類是如何從原始狀態裏演化出來的。他也沒有交代聖人爲什麼能把人類的文明從被毀的邊緣救回來。可是，我們從王的著作裏知道了他的理想社會的概念。這一個社會裏充滿了儒家的價值觀：人與人之間的關係的決定是有原則的；道德規範是拿來改造人的習性的；而政治上的措施是用來強迫壞人變好的。總之，這是一個文明的社會，而社會裏的人又建立了一層一層的機構。他們信任這些機構，同時把他們任意用武力的自然權力交給這些機構。如果一個人受到不公平的待遇，他就會放棄報復權，而把整個案件交給政府作一個最後的決定：

> 明天子在上，自方伯諸侯以至于有司，各修其職，其能殺不辜者少矣。不幸而有焉，則其子弟以告于有司。有司不能聽，以告于其君。其君不能聽，以告于方伯。方伯不能聽，以告于天子，則天子誅其不能聽者，而為之施刑於其讎[30]。

如果天子也不能爲受害人的家屬帶來公平，那麼後者可以記住這案件，可以把這不公平歸因於天命[31]，但不可以自己直接採取行動。

王雖然覺察到聖人在防阻文明的被毀滅上扮演了一個決定性的角色，他卻再沒有興趣去探討聖人的其他功能。李覯能夠把聖人的內在性格與儒家的主要德綱——仁、義、禮、智、信——連結起來，並且重新排列這些德綱，而王只是全部接受了這些德綱，並且不探討德綱與聖人之間的關係。「仁義禮信，天下之達道，而王霸之所同也」[32]。

王對傳統儒家的禮、樂、政、刑這四種制度有很高的評價。他覺得它們是人們在政務上不可缺少的工具——人們可以依賴它們獲得他們的所有目的[33]。任何人只談道而放棄這四種治術不用，就不免陳義過高，而且不切實際[34]。可是王不曾和孔子[35]或李覯[36]一樣，偏愛前兩者甚於後兩者。

不過我們不應該把這一點差別作爲王背叛了儒家傳統的證據。其實這只是表示他有點不小心而已。因爲他就大體而論，依然是一個儒家信徒而不是法家的追隨人，雖然他的文集裏常常有一些片言隻語讓人覺得他曾瀏覽過法家的著作，並且受到他們影響。其次，他所吸收的儒家觀念，可說比李覯還多。要明白這一點，我們只需要察看一下他對政府目的、政府官員、行政方法以及對人民的看法。只有當他討論到統御術的時候，他才大量地借用法家的想法。可是這種借用主要發生在 1070 年以後，而且很可能是由於實際的需要。最後他試着去綜合儒法兩家的一些主要觀點。在這方面，他所得到的結論與李覯很相似。

三、王的折衷主義傾向

儒家方面

百姓的福利是政府的施政目的　跟儒家學者和李覯一樣，王認為政府的主要工作在於促進百姓的福利：「夫天之所愛育者民也，民之所係仰者君也。聖人上承天之意，下為民之主，其要在安利之」[37]。

安利百姓的主要工作在於正風俗[38]。因為「風俗之變、遷染民志，關之盛衰，不可不愼也」[39]。由此可見治理的要素是正[40]。從政治安定的角度來看，如果一國的百姓在國君剛過世，而繼承的新君還是孩童或甚至還未降生的情況下不起來作亂，那麼這些百姓的確可說是有很好的風俗了[41]。

儘管王一直保持着「政府的主要工作在於正風俗」這一信念，他曾在 1070 年說過「政府的兩大要務是兵和農」[42]。從他的許多其他言論來考察，我覺得王從來不曾把軍事當作一個可以獨立存在的最終目標。它只是一個國家賴以生存的必需條件[43]。

農耕的地位也是如此。在這一方面，他像李覯的成分多，像商鞅的成分少[44]。

政府的工具性　跟《孟子》及《荀子》的作者一樣，王對上下有序的政治機構有很高的評價。他覺得這種機構應該用所有可能的方法去保存它。「夫君之可愛，而臣之不可以犯上，蓋夫莫大之義，而萬世不可以易者也」[45]。

君主之所以必須善加保護是因爲他在全國範圍內佔了一個樞紐的地位。如果他能成爲一個好人，那麼在他治下的所有百姓都可能會成爲好人。「蓋人君能自治然後可以治人；能治人然後人爲之用；人爲之用然後可以爲政於天下」[46]。爲了使他自己成爲一個好人，君主應該修鍊他自己的人品。他必須特別注意他的儀表、他所說的話、他所看所聽的事，以及他所想的念頭[47]。而這一切又都以他自己的心爲準。「蓋天下之憂不在於疆場而在於朝廷，不在於朝廷而在於人君方寸之地」[48]。

君主一定要對百姓具同情心，不然不管他所處的情況多麼有利，他會惹上許多政治麻煩。「臣竊觀自古人主，享國日久，無至誠惻怛憂天下之心，雖無暴政虐刑加於百姓，而天下未嘗不亂」[49]。

跟《荀子》的作者一樣，王覺得一位誠心誠意關心百姓而又能爲他們謀福利的君主應該有好的享受：「人主若能以堯舜之政澤天下之民，雖竭天下之力以奉乘輿，不爲過當」[50]。同樣原則也適用於官吏。如果他們能爲治下的百姓謀福利，他們應被允許過一個很高貴的生活[51]。

可是這種特殊待遇的享受永遠是有條件的，而且是工具性的。君主不應忘記，百姓含苦茹辛地使他生活舒適，服從他的命令，甚至爲他犧牲性命，骨子裏是希望他能爲他們做點事。他們希望他們這樣對待君主，君主也能回報，給他們安定的生活狀況：

> 天命陛下為神明主，敺天下士民，使守封疆，衞社稷，士民以死徇陛下，不敢辭者何也？以陛下能為之主，以政令均有無，使富不得侵貧，彊不得淩弱故也[52]。

如果君主背棄了他的職責，以致百姓無法生活，那麼後者就有權把他弄走。這裏王的看法跟李覯完全一致，而兩人都是從《孟子》這書上獲得靈感的。

> 夫君之可愛，而臣之不可以犯上，蓋夫莫大之義，而萬世不可以易者也。桀紂為不善而湯武放弒之，而天下不以為不義也。蓋知向所謂義者，義之常，而湯武之事有所變。而吾欲守其故，其為蔽一，而其為天下之患同矣[53]。

覓賢是君主的主要職責　　跟《荀子》的作者一樣，王深深覺得一個君主的時間與精力都是有限的。君主能夠而且應該把精神集中在最要緊的事務上。的確，「省細務乃可論大體」[54]。

王覺得君主最要緊的職責在於討論原則及選擇最接近他的下屬：「王者之職，在於論道[55]，而不在於任事；在於擇人而官之，而不在於自用」[56]。古代君主的行爲已經提供了一個好榜樣：「夫古之人有天下者，其所以愼擇者，公卿而已。公卿既得其人，因使推其類以聚於朝廷，則百司庶物，無不得其人也」[57]。

這裏王再一次顯露了儒家思想的影響。他雖然熟知法律重要，可是他還是要人治而不要法治[58]：「刑名法制，非治之本，是爲吏事，非主道也」[59]。

君臣的相互關係　由上面所說，可見王把政治責任大略地劃分了兩大類：一類屬君主；另一類屬臣僚。王似乎信從一種角色論：「君不失其所以爲君，臣不失其所以爲臣，其亦庶乎其近古也」[60]。這一個觀點可能也是因爲王接觸並接受了儒家思想才更根深蒂固的。

傑出的先秦儒家思想家一致相信君主與官吏的角色理論[61]。他們覺得，如果君主和他的臣僚都能夠各盡其職，他們彼此之間的關係就會很融洽。可是，他們並沒有留給後人一個詳盡的角色論。他們唯一的具體建議是照禮的規定去做[62]。就官吏的角色而論，他們建議學舜在堯的朝廷裏服務時的模樣[63]。可是我們無法確定禮和舜的楷模究竟是什麼。

我把分散在各種儒家經典中的證據湊合起來，得到下列的結論：儒家把忠誠列爲官吏的第一條德目[64]。忠誠至少是由下面三種方法表示的：官吏對他職位內的責任盡心[65]；他向君主推薦有才能的人[66]；最後是他敦促他的主上討論大道[67]。

王在這方面完全接受了儒家的觀點。他一再說明，官吏向君主服務的方法是表現忠誠[68]。所謂忠誠，是指一個官吏對他的職責盡力[69]。如果官員的品位已經很高，那麼他應該敦促他的主上從道[70]。就這一點而論，他比李覯更接近先秦儒家的立場。李覯比較少談道。王說：「人臣要當以道開發其君，使自悟而已」[71]。人臣之所以要這麼做，是由於治國不可沒有道。「三公以論道爲職者，必以爲治天下國家不可以不聞故也」[72]。如果君主拒絕聽道，那麼官員就應該辭職[73]。

讀者若光看這一點，也許會覺得一個官員的職責未免太重了。可是在其他許多討論中，我們會發覺君主也有他的職責。事實上王把獲得融洽的君臣關係的主要責任放在君主身上，因爲他覺得臣僚的行爲基本上是被君主的行爲所影響的。「故人主以狗彘畜人者，人亦狗彘其行；以國士待人者，人亦國士自奮」[74]。

這裏王跟《孟子》及《荀子》的作者很相像，因爲他們都覺得互惠主義是君臣關係中的主要因素[75]。而這一點李覯談得比較少。

百姓是至高無上的　《孟子》一書對王的影響也在他對百姓的評論中透露出來。基本上，他覺得百姓是應該被尊重的。他勸神宗皇帝也注意這一個觀點[76]。理由很簡單：百姓是天的代理人。透過百姓，天才能看和聽。所以「君主得天助」與「君主獲得百姓支持」是同義語[77]。因此君主在制訂政策時，應該尊重百姓的意見：「夫民者天之所不能違也，而況於王乎？況於卿士乎？」[78]

法家方面

1069 年，王擔任參知政事後不久，他開始透露法家思想在他身上的影響。不過這種影響主要在於他對君主的統御方法的看法。大體上，他在看法上的改變可以歸納爲兩種不同的類別。一類涉及君主與他親近臣僚之間的關係，第二類涉及君主與百姓之間的關係。

無爲作爲一種統御方式　早在 1070 年3月，王就警告神宗皇帝說，他在和宰執交接時，缺少合適的辦法[79]。這就構成一個問題，因爲皇帝的親近幕僚和宰執都是人，他們通常很自私，而且多半只對增進他們自己的利益有興趣，常常因此損害國家的利益。「大抵人臣計事多先爲身，少肯爲國計利害」[80]。其次，君主的最親近幕僚可能會故意混淆他的喜惡，甚至阻止他有效地表示他的正義感[81]。這些意見很明顯地是從《韓非子》那書裏得來的[82]。李覯從來不信這些[83]。

因此君主必須想出一套辦法來保護他自己並且保護國家的利益，而王的建議是君主學習道術:「人主所務，在於明道術以應人情無方之變。刑名度數簿書之間不足以了此」[84]。

一旦君主懂得如何用道術去控制他的親近臣僚及大臣，他就能明白他所交接的人的眞正性格，也能知道他們所講的話的眞正意義。這樣他的幕僚和大臣就無法欺騙他，而且必須盡力替他服務[85]。結果呢，君主可以自己不做任何事，而全世界都會被治理得好好地。「若道術明，君子小人各當其位，則無爲而天下治，不須過自勞苦紛紛也」[86]。這些話表示王似乎在這方面受到申不害的影響[87]。在《李覯集》裏，我們找不到類似的意見。

強制統御術的需要 在談到君主與百姓之間的關係時，王也同様受到法家的影響。早在 1048 年他擔任鄞縣[88]知縣的時候，他想起《商君書》裏談到百姓特徵的一句話:「夫小人可與樂成，難與慮始」[89]。他之有這種連想，可能也多少是他自己的經驗之談。

1072 年，他擔任宰相時，仍然保留了上述的信念[90]。因此，他相信如果一國的領袖覺得有必要爲百姓做些有益於他們的事，他們必須堅決地去做而不必管百姓的反對[91]。他引用《周易》裏的話來爲他自己的立場辯護，雖然這種立場是法家的典型統御術[92]：「《易》所謂『毒天下而民從之』者，以其雖毒之，終能使之安利……故亭之毒之乃爲天道，豈可但亭之而已？」[93]

對一般領袖適用的道理對君主尤其適用。君主的容貌必須很威嚴，在執行他的政策時，必須很果斷。他必須了解，俯從百姓的喜好是危險的，最後必然一事無成[94]。的確，如果君主要立大功，他必須見人之所未見[95]，而且，一旦他獲得結論之後，必須促使百姓去獲取他爲他們所設的目標。這樣做很可能正是百姓期待君主做的事：

> 自古作事未有不以大勢驅率衆人而能令上下如一者。……但以勢驅之，人不得已，久之自聽服，習以為常耳。天下之事，皆成於勢。……若止欲任情願，即何必立君而為之張官置吏也[96]。

雖然李和王大體上意見相投，王在這些地方比 1039 年以後的李覯要大膽多了。

綜合嘗試

王從法家借用觀念，以他對君主的統御術意見最爲明顯。不過除此之外，他也借用了另外一些想法。至少他對利的看法就是如此。不過他在這一點上既不完全與儒家相同，也沒跟法家看齊。他嘗試着把兩家的看法調和起來。結果他所得到的結論與李覯所得的結論十分相似。

由於他深深受到儒家的影響，王一直覺得，人的行爲應該以義作指導[97]。「無難無易而惟義之是者，君子之行也」[98]。在這方面，君子只須模做孔子就可以了。孔子一生做事從不違背義的原則[99]。

同樣地，王輕視利。他覺得百姓的趨利是由於他們道德標準已經衰退：「先王之俗壞，天下相率而爲利」[100]。這種覓利的興趣對政治有深遠的影響。它只能妨礙君主作健全的判斷。它也可能導致君主無法認清世界的現實：「風俗壞，則朝夕左右者，皆懷利以事陛下，而不足以質朝廷之是非；使於四方者，皆懷利以事陛下，而不可以知天下之利害」[101]。

可是，從 1060 年開始，有另外一股想法漸漸地在王的心目中形成。最後這股想法促使義和利在王的心中共存。

這種想法最初起於王感覺到爲政必須談到財政[102]：「夫合天下之衆者財」[103]。

九年後，他發現儒家的經典著作和聖人的話都可解釋爲強調「堅實的物質與財政狀況是實行王政的先決條件」：

> 《易》曰：「理財正辭」[104]。先理財然後正辭；先正辭然後禁民為非，事之序也。孔子曰：「旣庶矣，富之；旣富矣，敎之。」孟子亦曰：「喪死無憾，王道之始也」[105]。

他很快獲得一個結論：管理財政應該以義的原則作準：「蓋聚天下之人，不可以無財；理天下之財，不可以無義」[106]。

下一年，他把財政管理與義之間劃上了等號，同時引用了儒家的經典來作辯護：「政事所以理財，理財乃所謂義也。一部《周禮》，理財居其半」[107]。

第二年（1071），他提出一個主張，把利和義當作同義語：

「利者義之和。義固所謂利也」[108]。

如果當初王曾對「利」這字下過清楚的定義，那麼這字便不會引起誤解。可是他沒有這麼做。從王與神宗皇帝在 1072 年的一則對話[109]看來，我們可以得出這樣一個結論：王用「利」這字的時候，至少有兩層意義。一層是私人的利益，第二層是公衆的福利，而且與社會正義密切相連。也正是這一層意義才是王在 1071 年拿來把義當作同義語的。爲了要說明這一點，王才和神宗皇帝作了下面這樣一次談話：

> 陛下不殖貨利，臣等不計有無，此足風化天下，使不為利。至於為國之體，摧兼幷，收其羸餘，以興功利，以捄艱阨，乃先王政事，不名為好利也[110]。

王在這裏所說的觀點與李覯幾乎完全相同。李曾公開地指出政府領袖必須談利，必須管理財政[111]。

四、王的社會評論

很自然地，由於王曾深入地研究過儒家及法家的著作，曾孕育過理想，他會把實際的宋朝社會與他緬懷的理想互相比較，因而對時事有許多不滿。這種不滿之情是容易了解的。令人吃驚的是：他的不滿與李覯的批評居然有那麼大的相同處。

政治問題

跟李覯一樣，王也覺得宋朝的君主、官吏以及考試制度有許多缺點。可是他們的觀點有少許重點上的差別。

政治領袖的缺點 李覯覺得仁宗皇帝太會花費；王卻以爲錯不在皇帝本身，而在於皇室。李和王的基本假設是一樣的：一國的領袖及他的家屬應該爲百姓樹立一個好的模範：

> 方今陛下躬行儉約以率天下，此左右通貴所親見。然而其閨門之內，奢靡無節，犯上之所惡以傷天下之教育者，有已甚者矣，未聞朝廷有所放絀以示天下[112]。

跟李不一樣，王不曾提出任何具體辦法來減少皇室的花費，雖然他指出有必要那樣做。可是，他在指責仁宗皇帝沒有負起政治責任這一點上，比李要厲害多了：

> 以臣所見，方今朝廷之位，未可謂能得賢才；政事所施，未可謂能合法度；官亂於上，民貧於下；風俗日以薄，才力日以困窮，而陛下高居深拱，未嘗有詢考講求之意[113]。

他希望仁宗皇帝會採取行動。

跟李一樣，王對宋朝官吏的行爲感到非常失望。依照王的看法，許多高官的特徵是缺少對國務的關心：「方今公卿大夫莫肯爲陛下長慮後顧，爲宗廟萬世計」[114]。造成這種現象的一部份原因是他們的薪水太低：「今官大者，往往交賂遺、營貲產，以負貪汙之毀；官小者，販鬻乞丐，無所不爲」[115]。另一方面，整個徵選及任用制度有問題。

政策上的缺陷　跟李覯一樣，王也嚴厲地批評當時徵選官員的考試制度：

今悉廢先王所以取士之道，而毆天下之才士，悉使為賢良進士，則士之才可以為公卿者，固宜為賢良進士，而賢良進士，亦固宜有時而得才之可以為公卿者也。然而不肖者苟能雕虫篆刻之學，以此進至乎公卿；才之可以為公卿者，困於無補之學，而以此絀死於畎野，蓋十八九矣[116]。

我們若作進一步探究，就可發現這一制度是如何地不切用：「夫課試之文章，非博誦強學，窮日之力則不能。及其能工也，大則不足以用天下國家，小則不足以爲天下國家之用。故雖白首於庠序，窮日之力以帥上之教，及使之從政，則茫然不知其方者皆是也」[117]。結果官員必須讓胥吏爲他作所有政策決定[118]。這恰恰是李覯對宋朝官員所作的批評。

另一方面，政府用不正確的標準去作官員升遷的憑藉，輪調官員太過頻繁，同時不給官員隨情斟酌的權力。結果整個政府機構無法有效地工作。的確，政府似乎是在全面癱瘓的邊緣：

方今取之既不以其道，至於任之又不問其德之所宜，而問其出身之後先；不論其才之稱否，而論其歷任之多少。以文學進者，且使之治財；已使之治財矣，又轉而使之典獄；已使之典獄矣，又轉而使之治禮。是則一人之身，而責之以百官之所能備，宜其人之難為也。夫責人以其所難為，則人之能為者少矣；人之能為者少，則相率而不為[119]。

另一方面，政府對它的官員並不太信任。它制訂了各式各樣的規定來使官員就範。結果官員完全喪失了斟酌權。「雖賢者在位，能者在職，與不肖而無能者，殆無以異」[120]。這些批評與李覯在 1052 年所作的幾乎完全脗合[121]。

爲了補救這些缺陷，王作了一連串建議，而這些建議與李所作的非常相似。不過王在提出這些建議時比較有系統，讀來也較順口。基本上，他希望學生在學校所學的與將來做政府官員時所用的能一致[122]。儘管大部份官員會從學校裏的學生中挑選，政府也接受地方政府推薦出來的候選人。所有這些從學校及各地來的候選人的言行會被仔細地覈驗，這樣政府就可以知道他們的能力與性格。一旦被選上了，政府會試驗性地指派他們去擔任各種不同的職位，這樣就可找出他們的眞正資格來[123]。如果他們能合適地擔當他們所分配的職使，政府就會讓他們在一個特定的工作範圍專門擔任那個職務，並且讓他們長時期守他們的職位，用考績制度來定他們的升黜，同時給他們斟酌權，這樣他們就可能對國家做出更大的貢獻來[124]。另一方面，政府應該增加官員的薪水，然後要求他們的行爲能合乎禮。如果這些官員拒絕遵守這些禮，政府就應該處罰他們[125]。

雖然王和李覯來自同一地區，王似乎並不覺得政府對東南區的政策有任何歧視的傾向。可是他跟李覯的信念一樣，覺得在軍事上有幾件事必須改進。

取消職業軍人制度，對將領多加信任

跟李覯一樣，王覺得把民政和軍政完全隔離開並不是一個值得推薦的政策。他們都讚譽古代的一種制度。按照這種制度的規定,「其（才）大者，居則爲六官之卿，出則爲六軍之將也」[126]。的確，王對宋朝的士及學生羞於執兵器這一點感到非常不安。這樣子的人怎麼還能期待他騎馬、射箭，以及熟悉戰略和戰術[127]？他希望有一天政府的職員能和士合而爲一，而兵士和農夫也能合而爲一[128]。

可是這種合而爲一制只是使國家強盛的必須條件之一。另外一個重要的條件是要有能幹的將帥[129]。原因是，只要有能幹的將帥，他們就可以把士兵訓練成能征慣戰的部隊，不管這些士兵是雇來的也罷，徵來的也罷[130]。

由此可見君主必須小心地對待他的將帥。他必須很技巧地運用他們[131]。一般來說，他必須信任他們：「任之重而責之重可也，任之輕而責之重不可也」[132]。在這一點上，漢高祖建立了一個模範的榜樣：「高祖之任人也，可以任則任，可以止則止。至於一人之身，才有長短，取其長，則不問其短；情有忠僞，信其忠則不疑其僞」[133]。結果他召募到許多能幹的部下爲他出力。後世君主能夠在這方面模倣漢高祖的，很少在得人方面失敗，而那些不願學習高祖的君主常常在最後惹來麻煩[134]。王並沒有像李覯那樣建議把軍中的監軍召回來；可是他顯然同意李覯的原則：君主必須信任他的將帥；這一種信任必須長久。君主不應該僅僅因爲一個將帥打了一次敗仗就把他換掉[135]。在這一點上，李和王是完全一致的。

李覯曾在 1041 年埋怨宋朝兵器質地的低劣。王跟李不一樣。在 1069 年之前，王似乎不曾注意到有這種問題存在。

進取的財政哲學

同樣地，王對當時的財政問題並不太感興趣。李覯曾經對節制開支、平均土地使用權，以及差役問題寫過一些文章，而王在這些方面並沒有留給我們什麼資料。據他自己說，他在 1060 年以前對於財政問題並不熟悉[136]。

不過他有一個和李覯很不相同的理財哲學，跟司馬光一樣[137]，李覯相信，就稅收問題而言，政府和百姓是處於相反地位的：政府抽稅愈重，百姓受苦也愈多[138]。王很不贊成這種論調。他覺得徵稅多並不一定就叫百姓貧困，因爲政府並不是從百姓的荷包裏把錢挖走。更正確的說法是，政府要利用更多的自然資源：「富其家者，資之國；富其國者，資之天下；欲富天下，則資之天地」[139]。由此看來，如果一個國家有財政匱乏問題，那麼主要原因是經營不良：「自古治世未嘗以不足爲天下之公患也，患在治財無其道耳！」[140]

對奢侈的厭惡

李覯與王安石雖然在財政哲學上有歧見，他們對於流行於宋朝的愛奢侈風氣卻又一致痛擊。

跟李覯一樣，王覺察到宋朝人把浪費與榮耀等量齊觀了。「天下以奢爲榮，以儉爲耻」[141]。

這種習俗對於社會上的職業結構有不良影響。有許多農夫受到能獲得巨利的誘惑，紛紛拋棄了他們的土地，而轉移到工商界去。他們製造並且銷售許多對民生沒有實用價值的商品：「工者矜能於無用，商者通貨於難得」[142]。

王似乎在亦步亦趨地跟隨着李。跟李一樣，王也建議政府對工商業者採取行動，這樣他們中間有些人會回到農業界去：「有作奇技淫巧以疑衆者，糾罰之；下至物器饌具，爲之品制以節之。工商逐末者、重租稅以困辱之。民見末業之無用，而又爲糾罰困辱，不得不趨田畝」[143]。

王可能也像李覯一樣討厭巫人、算命者、以及樂師。可是他不曾留下這方面的資料供我們探討。

五、政治改革家王安石

李和王雖然有許多相同的信念，他們的命運卻非常不同。李一生僅僅是一名社會評論家。雖然由於范仲淹的推薦，他能在1050 年獲得一個官階，他始終不曾做過政治上的行政官。

王的命運就非常不同了。他在 1042 年通過進士試，從此以後，他的官聲一直非常好。1068 年，新登基的神宗皇帝久聞王的種種事跡特別召他赴殿談話。1069 年 2 月，王被任命做參知政事。從此以後，他在幾年之內連續引進許多改革方案。這些就是我們素所熟知的新政。

這些新政以及王所採取的其他一些措施是以補救宋朝政府與社會的缺陷爲目的的，而這些缺陷是王在 1069 年以前就覺察到的。因此我們可以循着上一節裏王所作的各種批評的軌跡來探討他的新政內容。

新的徵募制度及其他政治措施

仁宗及英宗的相繼去世以及年青有爲急於振弱圖強的神宗皇

帝的登基，使得王對君主無法像他在 1058 年那樣批評[144]。另一方面，政府也曾在 1061 年試著採用考績制度[145]。因此，除去對皇室的奢費他沒採取行動以外，他所面對的主要政治任務是官員的徵募、錄用以及對待。

跟李覯一樣，王有一個教育理想。他希望教師在學校裏教給學生的技術和知識是他們將來做官員時所需要的。因此，政府在 1071 年 2 月下令，政府將在國家舉行的考試裏考學生的對策能力以及對某些特定經典的知識。它不再測驗學生作文的本領[146]。八個月以後，政府爲太學建立了一個新的學校制度。它把學生按資歷分成三等。最低的一等會盡量吸收學生，然後逐步以考試淘汰其中較差的。凡是能順利地在這一等完成學業的學生，就可能進入中等。這一等只取二百名學生。經過許多次考試以後，二百人中的一百人會被錄取進入上等，而這一等的畢業生就會按他們老師的推薦被分派到各種政府職位上去[147]。總之，王在 1071 年所做的事正符合李覯對一位改革者的期待[148]。

王對待那些位資深官員的方法是把反對他新政的人遷移到京師外面去，同時調升那些贊成他新政的人進京。當然，那些被排拒在京師外的官員不會都是自私自利的人，而那些被調升的人也不見得一定是全心全意爲國謀福的人。不過他的人事調動確實鼓舞了幫他實行新政的官員。雖然這不是改革，這卻是一個重要的步驟。如果李覯還在世，他很可能在原則上贊成王的作爲，不過他也許不至於膽大到把大部份反對他的官員放逐到京師外去。

王堅持要增加官員和胥吏的薪水，是把他早年的信念付諸行動，而這是值得讚揚的。在很多場合上，他一再指出，政府在新政中某幾項要賺錢，而賺錢的目的是爲了要使官員及胥吏生活得好一點[149]。另一方面，他希望這些官員不會再接受賄賂或從事商業。如果有任何官吏無法符合他的期待，他就會處罰他們。一般說來，他似乎很相信他的僚屬。他讓他們長久擔任他們的職務而不常常調動他們。下面是幾個傑出的例子：他支持王韶將軍。王將軍在洮河流域採取軍事行動，最後獲得勝利；程昉負責河道；呂嘉問監督了市易務。由於李覯一生未曾做過行政長官[150]，我無法知道他會如何對待他的下屬。不過由他的君主與將帥關係論看來，我猜想李或許會像王一樣全心全意相信他的下屬。

以民兵代替募兵

在軍事方面，王也試着實行他的理想。他深信募兵必須逐漸地由民兵來代替[152]。1070 年12月，他建議恢復保甲制[152]。推行這制度的初期，保甲可以幫助百姓防禦盜賊。可是，依照王的想法，民兵會慢慢地，但逐步逐步地被訓練成正規軍[153]，而這種做法的基本動機之一是省錢[154]，這一個目的，必須等農夫與士兵之間的嚴密分界被取消之後才能達到。在這方面，王的政策與李覯所夢寐以求的古代制度完全脗合[155]。

當他在位時，王盡他全力勸神宗皇帝信賴王韶將軍。王韶試著要替宋朝把洮河流域爭回來，而神宗對王韶的信任，結果良好。王韶把幾百平方里的土地取回來了。在這點上王安石做到了李覯希望他做的事[156]。

就改良兵器的質地來說，王似乎並沒有像李覯那樣感到有製造優質兵器的必要。可是，王安石的獨生子王雱卻有一個和李覯很相像的信念。他覺得政府應該對兵器特別注意，因此催促政府改變負責監督兵器製造的機構的組織。1073 年6月，宋朝政府接受了王雱的建議，設立了軍器監，專門監督兵器的製造[157]。到1075 年時，這一個機構的效果就很顯著了：品質優良的兵器比以前增多了好幾倍[158]。這幾乎有點像是故意地滿足李的期待。

在王安石當政時期，宋朝的經濟和財政情況也有很令人感動的改進。

經濟與財政問題

雖然王遲到 1060 年還不太熟悉財政問題，他卻有一套理財的哲學。這一個哲學強調人在整個經濟中能扮演一個關鍵性的角色。1060 至 1069 年間，這一套哲學也許又被王讀了《周禮》以後的讀後感加強了。

1043 年或 44 年間[159]，王寫了一篇文章討論到御史的職務。在那篇短文裏，王說他還沒念過《周禮》[160]。晚至 1060 年，他又說他對有關金穀的事不熟悉[161]。這話的含義是他還不太熟悉《周禮》的內容，因爲據他自己後來說，《周禮》中有一半是討論理財事務的[162]。可是，從 1069 年起，他和神宗皇帝對話時[163]或給朋友寫信中[164]常常提起那本書。像李覯一樣，王認爲周公是《周禮》的作者，而王對周公眞是崇拜已極[165]。在這一點上，他和李覯幾乎是完全脗合的[166]。

由於王對《周禮》有那麼大的好感，也難怪他會接受書裏的一些結論，而那本書的耀眼主題之一是政府必須盡力讓每一個壯丁從事生產[167]。這一個主題的含義是，在一個好政府治下，每一個農夫都有生產工作可做。由於農夫佔宋朝人口的絕大多數，照顧好他們就等於說把百姓都照顧好了。這些看法也許是促使王向神宗皇帝說下列話的原因：「若欲推利與民，政須厚農而已」[168]。

由於王有這種信念，因此他以最接近皇帝的宰執身份推動了一連串的新政。這些新政的目的，就在於幫助農夫，打擊地主和大商賈。新政的最終目的是使整個經濟比以前健康些。因此他在1069 年發布了均輸法、青苗法和農田水利法；1071 年，發布了募役法；1072 年，發布了市易法和方田均稅法。我無法知道，如果李覯在世的話，他是否會像王那樣敢作敢為，發布一連串的新法。可是他一定會同意王的原則：政府應該幫助農夫。

其實這些新法最先都是由別人發起的。1043 年到 1054 年間，許元在江淮路擔任轉運使時，就已經想到均輸法了[169]。李參在 1053 年以前就先分配了青苗錢[170]。李復圭在擔任浙江路轉運使時，已經實行過募役法[171]。提舉蕃部王韶在 1070 年 2 月以前曾經建議在秦州設立市易司[172]，而魏繼宗在 1072 年 3 月政府設立市易務以前，就曾經敦促政府在京師設立這樣一個機構[173]。最後，大理寺丞郭諮早在 1043 年就已建議要丈量土地[174]。

可是，只有在王的翼護和支持下，這些想法和做法才被中央政府接受，各種機構才被設立，而王所公布的法令結果對全國都有利。由此可見他忠於他的財政哲學而事實證明他的哲學是對的。有關財政經營方面，最主要的因素是政府能不能找到理財的人。能找到，那麼稅收可以增加而一般百姓也不必多繳稅[175]。

由於能把意見轉變為法令，王遠遠地超越了社會批評家李覯當年所想像的種種美景。李覺得農人應該有田[176]，覺得環繞農田的水利系統應該好好加以保護[177]，而王藉着青苗法、農田利害條約[178]，以及方田均稅法，實際地平均了農人的財務負擔，減輕了他們的財務匱乏，為他們提供了較好的工作環境，由此引導他們繼續留在農田上。李敦促政府從事商業以防止百姓被大商賈剝削[179]，王就用經典(特別是《周禮》)上的歷史先例作護身符，確確實實地把這些想法轉化成爲法律。1069 年頒布的均輸法以及青苗法，和1072年頒布的市易法就是爲了獲得這些目的。最後，李只希望政府能減少免稅及免差役的官戶數目[180]，王卻藉 1071 年頒布募役法改革了整個制度，使它建立在一個非常理性的基礎上。由此看來，王遠遠地超過了李的夢想。

社會問題

王對社會問題的解決，就是一個完全不同的局面了。他似乎不曾採取任何特定措施來抑制百姓的奢侈習慣，或強迫藝人和商人重新拾起他們以前所操的農業。可是，王所頒布的新法中特別爲幫助農夫而策劃的法令，諸如青苗法、農田保護法、募役法，以及方田均稅法，也許產生了誘導一些藝人和商人回去務農的效果。

1076 年，王還當權時，政府設立了一個當初王作社會批評時未曾特別敦促政府成立的機構：太醫局。可是，如果李覯還在世，他一定會爲這歡呼，因爲他痛恨密醫到處走動。

*　*　*　*　*

跟李相比，王是一個比較弱的理論家。他分析了人類文明的演進，可是他的分析並不首尾一貫。

跟李一樣，王也同時向儒家及法家學習，並且試着調和這兩派學說。他所獲得的結論與李所獲得的非常相似。總的來說，兩人還都是儒家，雖然他們在取向上都很帶功利主義色彩。

當他們批評時政時，王也分享了許多李的想法和看法。他們都覺得皇室花費太大；全心全意爲國謀利的官員太少；考試制度必須大大地調整；雇用職業軍人的制度必須由民兵制度來代替；君主應該信任他的將帥；宋人太沉緬於奢侈；有些手工藝工人及商人應該重新拾起他們的農耕舊業。

可是，王很幸運地受到神宗皇帝的信任，因此能推行一連串新政，而李終生只是一名社會批評家。以改革家的姿態出現，王把他的許多想法化爲行動：考試制度被修改了；太學被重組成一個替政府召募官吏的機構；負責推行新政的官員能夠長久守住他們的職位，而政府官吏的薪俸增加了；保甲制度重新被建立，而民兵逐漸地替代了募兵；將帥與士兵之間以及君主與將帥之間的信任被制度化了；政府監督了兵器的製造，並且改良了它們的器質；好幾個幫助農夫，打擊大商賈的法令被頒布了。如果李能長壽，能親自看到這些新政，他也許會贊成其中的大多數。

由於李和王之間在看法上有那麼多相似的地方，我們不禁會想，他們兩人是否曾見過面。雖然我們沒有正面的證據，我們有強烈的理由推論，他們之間一定有意見上的溝通，因爲他們有許多可以傳達意見的機會，而他們之間的意見重複又重複地類同。有三個人曾經是他們兩人的共同朋友：范仲淹、余靖及祖無擇。他們三人很可能曾爲李和王的相識作過橋樑的作用。在這三個人中間，又以祖的可能性最大。

附 註

❶ 見胡適和巴拉徐所寫的文章。《 胡適文存 》二集卷 2，頁 35。巴拉徐，《中國的文明與官僚體制》，頁 277-89。

❷ 侯外廬，《中國思想通史》卷 4，頁 398。

❸ 見胡適前引書，頁 59。

❹ 歐陽修的祖籍雖然是江西，他卻生在江西之外，也在外地長大。

❺ 見侯外廬前引書，頁 398。

❻ 見王安石《臨川先生文集》(以下簡稱《臨川集》)，頁 819。為思想通史寫李覯這一章的作者雖然誤解了「某與納焉」這句片語的意思，卻介紹了一條很有意義的線索，即王安石的<答王景山書>。由這信裏，可見王安石是知道李覯這名字的。雖然我查了幾本參考書，卻無法知王景山究竟是何許人；不然我可再深入探討這條重要線索。

❼ 見本書第二章，㊸及㊽。

❽ 「碩人今亡，邦國之憂。矧鄙不肖，辱公知尤。」見《臨川集》，頁 888。

❾ <祭范潁州文>，見《臨川集》，頁 887-88。

❿ 見本書第二章頁 30。

⓫ 「今余公亦以文武之材……鎮撫一方，修扞其民，其勤於今、與周之有南仲仲山甫蓋等矣，是宜有紀也。」見《臨川集》，頁 862。

⓬ 見《李覯集》，頁 483-84。

⓭ 「《慶曆民言》皆極當時之病，眞醫國之書耳。」見前引書，頁478。

⓮ 「某生十二年而學，學十四年矣。聖人之所謂文者，私有意焉，書之策，則未也。……乃者，執事欲收而教之使獻焉，雖自知明，敢自蓋邪？謹書所為<書序><原說>若干篇，因敍所聞與所志獻左右，惟賜覽焉。」見《臨川集》，頁 812。在祖無擇的文集裏，有一篇王寫給祖的信。王在信中向祖解釋為何他在江南東路作刑獄時處分了五個下屬。他希望祖能給他教誨。見祖無擇《洛陽九老祖龍學文集》第十二章，頁 4-5。

⑮ 「安石以母憂去……」見《續長編》卷 213，頁 19 下。

⑯ 「嘉祐中，無擇與王安石同知制誥。時詞臣許受潤筆物。安石因辭一人之饋，不獲，義不受，以其物置舍人院梁上……無擇取爲本院公用，安石聞而惡之，以爲不廉。」見前引書卷 213，頁 19。

⑰ <次韻祖無擇之登紫微閣二首>，見《臨川集》，頁 240。

⑱ 王於 1061 年辭同修起居注狀中把自己排在祖無擇及其他七位同行後面。「伏念臣以資序在臣右，而行能宜蒙此選者尚多，故嘗自列至於八九，幸蒙聖恩聽察，而所除始祖無擇一人。」見《臨川集》，頁 433。

⑲ 見本書第二章頁 30。

⑳ 同前。

㉑ 見本書第二章⑱⑧。

㉒ 「嘉祐……二年正月……十五日命直賢院祖無擇……考試知貢擧官親戚擧人。」見《宋會要》選擧第十九，頁 12。

㉓ 「嘉祐元年七月十三日命……群牧判官太常博士王安石考試鎖廳擧人。」見前引書。

㉔ 「嘉祐三年……冬十月……甲子，提點江南東路刑獄，祠部員外郎王安石爲度支判官。」見《續長編》卷 188，頁 6 上。

㉕ 「嘉祐四年……夏……五月……壬子……度支判官祠部員外郎王安石……詔令直集賢院……。」見前引書卷 189，頁 18 下。

㉖ 「臣於財利固未嘗學……」見《臨川集》，頁 417。「金穀之事，某生平所不習。」見前引書，頁 781。

㉗ 我不曾在現存的祖無擇文集裏找到可以印證我在此推測的資料。不過現存的祖的文集只是他當初所寫的文章中極小一部份。在這一小部份中找不到有關材料，自然不足據以推斷「祖從未在李與王的相識過程中扮演了一個重要的角色。」事實上遠在 1192 年，祖的曾孫想替他曾祖父搜集佚文時，就已經很費力了。他只找到原有文章的百分之三十至四十。見《洛陽九老祖龍學文集》補篇頁 4。
時至今日，卽使這僅存的百分之三四十也所剩無幾了。

㉘ 由此也許可見王的性格——他是「行動人」的成份大於哲學家的成份。

㉙ 見《臨川集》，頁 731。

㉚ 見《臨川集》，頁 740。

㉛ 見前引書，頁 741。

㉜ 見前引書，頁 714。讀者宜注意，王在這裏沒提到五德中的「智」。

㉝ 「四術者，禮樂刑政是也，所以成萬物者也。」見前引書，頁 723。

㉞ 「抵去禮樂刑政，而唯道之稱焉，是不察於理而務高之過矣。」見前引書。此處四術的實效性最引起王的興趣。這一點再一次反映出王的行動人性格。

㉟ 「子曰：『道之以政，齊之以刑，民免而無恥。道之以德，齊之以禮，有恥且格。』」見《論語》<爲政>第二。

㊱ 「曰樂、曰政、曰刑，禮之支也；而刑者，又政之屬矣。」見《李覯集》，頁 5。

㊲ 見《臨川集》，頁 737。

㊳ 同前。

㊴ 同前。

㊵ 「政者正也。」見《續長編》卷 264，頁 5 及頁 14。王在這兒忠實地追隨了孔子的原則。

㊶ 「……先王既修政事，足以強其國，又美風俗，使後嗣至於朝委裘，植遺腹而不亂……」，見前引書卷 250，頁 12 下-13 上。這裏的主題是，在這種國家裏，老百姓已經對政治最高權力的合法轉讓有一定的看法。這種看法由許多價值觀念和行爲規範構成，而這些觀念和規範卽是王安石所說的「風俗」。

㊷ 「國之大政在兵農」，見前引書卷 213，頁 6 下。

㊸ 「安石曰：『以兵強天下，非有道也。』」見前引書卷 236，頁 18 下。「先王雖曰張皇六師，克詰戎兵，其坐而論道，則未嘗及戰陣之事，蓋以爲三軍五兵之運，德之末，不足道也。」見前引書卷248，頁 18 下。

㊹ 在《商君書》裏，「戰」被視爲國家富庶和安定的一個必需條件。「國之所以興者，農戰也。」「國待農戰而安。」見《商君書》卷 1，頁7下，頁 9 下。這當然是言之成理的。可是，在書的另一處，「戰」也被視爲強國避害的一個方法。「國彊而不戰，毒輸於內。」見前引書，頁 14 上。這就意指強國可以向外擴張。

㊺ 見《臨川集》，頁 713。

㊻ 見前引書，頁 690。這一看法把人的內心所趨放在外在行為之上這。是儒家的典型看法。

㊼ 「五事，人君所以修其心、治其身者也。……五事，一曰貌、二曰言、三曰視、四曰聽、五曰思。」見前引書，頁 685，頁 688。

㊽ 見《續長編》卷 217，頁14下，頁15上。「安石曰：『終有以勝之，豈可以它求？求之聖心而已。聖心思所以終勝，則終勝矣。』」見前引書卷 236，頁 1下。把君主心裏所想當作政治上的一個重要因素也是儒家哲學的特徵。

㊾ 見《臨川集》，頁 423。這也是儒家的看法。

㊿ 見《續長編》卷 241，頁 11 下。

51 「彼公卿大夫操治民之勢，而能以利澤加焉，則其生也榮，其死也哀，不亦宜乎？」見《臨川集》頁 756。

52 見《續長編》卷 240，頁 5 下，頁 6 上。

53 見《臨川集》，頁 713。

54 見《續長編》卷 211，頁 18 上。

55 用現代政治學的術語來說，王安石的看法是：政治領袖的主要職責在於討論、傳播，以及應用政治原則，而這些原則是政治制度的基礎。

56 見《臨川集》，頁 443。

57 見前引書，頁 418。

58 「夫天下至大器也，非大明法度不足以維持……」見前引書，頁424。

59 見《續長編》卷 230，頁 5 上。

60 見《臨川集》，頁 674。「君君臣臣，適各當分，所謂正道也。」見前引書，頁 692。

61 「齊景公問政於孔子。孔子對曰：『君君、臣臣、父父、子子。』」見《論語》＜顏淵＞第十二。

62 「請問為人君。曰：『以禮分施，均徧而不偏。』請問為人臣。曰：『以禮待君，忠順而不懈。』」見《荀子集解》卷 8，頁 2 下。「君使臣以禮。」見《論語》＜八佾＞第三。

63 「孟子曰：『……欲為君，盡君道；欲為臣，盡臣道。二者皆法堯舜而已矣。』」見《孟子》＜離婁＞章句上。

64 「孔子對曰：『君使臣以禮，臣事君以忠。』」見《論語》＜八佾＞

第三。「請問爲人臣。曰:『以禮待君，忠順而不懈。』」見《荀子集解》卷 8,頁 2 下。《孟子》中甚少討論這題目。

(65) 「子曰: 『道千乘之國，敬事而信……』」見《論語》<學而>第一。「子曰:『事君，敬其事。』」見前引書，<衞靈公>第十五。「臣道知事。」見《荀子集解》卷19，頁12下。儒家只主張臣子要敬事，卻不主張臣子卑躬屈膝地服侍君主。事實上，儒家的大臣應具備獨立判斷的能力，並敢於爲正義與君主力爭。「子路問事君。子曰:『勿欺也而犯之』。」見《論語》<憲問>第十四。《荀子》裏對大臣的「忠」有詳細的討論。見《荀子集解》卷 9,頁 2 下-3 下。

(66) 「上臣事君以人。」見前引書卷 19，頁 8 下。「推賢讓能而安隨其後……是事君者之寶……。」見前引書卷 3,頁 27 上。《論語》及《孟子》中討論這問題的地方不多。

(67) 「君子之事君也， 務引其君以當道， 志於仁而已。」見《孟子》<告子>章句下。「責難於君謂之恭，陳善閉邪謂之敬。」見前引書<離婁>章句上。

(68) 「臣道在事君以忠。」見《續長編》卷 236，頁 11 上。

(69) 「臣忠於爲國，故進而能致其身。」見《臨川集》，頁 643。

(70) 王對「向朝廷推薦賢材」這一點說得不多。不過，他於 1069 年被任命爲參知政事後，實際上推擧了很多人就高職，其中較著名的有呂惠卿、曾布、李定和程昉。這些都是王認可的才俊。

(71) 見《續長編》卷 263，頁 8。

(72) 見《續長編》卷 239，頁 10 下。又見卷 230,頁 5 上。

(73) 「其於君也，曰:『以道事之,不可則止。』」見《臨川集》,頁764。又見頁 462，頁 614。

(74) 見前引書，頁 737。

(75) 「君之視臣如手足，則臣視君如腹心；君之視臣如犬馬，則臣視君如國人；君之視臣如土芥，則臣視君如寇讎。」見《 孟子 》< 離婁>章句下第三節。《荀子》內也有類似相對論說法，但它的重心放在行爲趣向上。「上端誠則下愿愨矣；上公正則下易直矣；……上周密則下疑玄矣； 上幽險則下漸詐矣； 上偏曲則下比周矣。」（<正論>篇第十八），見《荀子集解》卷 12，頁 1 下。又見卷

15，頁 17。

(76) 「又論民兵，安石曰：『既以民爲兵，則宜愛惜得其心。……古人以民爲貴，不可不察。』上矍然曰：『良是。』」見《續長編》卷 262，頁 25。

(77) 「天自民視聽者也。所謂得天，得民而已矣。」見《臨川集》，頁 660。又見頁 696。

(78) 見前引書，頁 696。李燾認爲<洪範傳>這篇文章是王安石在 1070 年 10 月以前就寫好的。寫完之後，王又曾把它呈給神宗皇帝看過。見《續長編》卷 216，頁 6。蔡上翔則斷定此文成於1077年。見蔡上翔《王荆公年譜考略》頁 270。由於王在 1069 年以後接受了一些法家的看法，而本文的立場主要是儒家，因此我相信李定的年代較可靠。

(79) 這辦法即所謂的「術數」。「安石曰：『陛下遇群臣無術數，失事機……。』」見秦湘業，《續資治通鑑長編拾補》卷 7，頁 34 下。

(80) 見前引書卷 238，頁 15 上。

(81) 「陛下有所好惡，近習能因事疑陛下心，故令好惡不明。陛下有所是非，近習能因事疑陛下心，故令是非不果。」見前引書卷 239，頁 7 下。亦見《臨川集》，頁 442。

(82) 「君臣異心：君以計畜臣，臣以計事君。君臣之交，計也。」見《韓非子集解》卷 5，頁 16 上。又見卷 2，頁 15。

(83) 李覯之所以沒有這種看法，也許是因爲他沒有機會看到服公職人的黑暗面。

(84) 見《續長編》卷232，頁 8上。另見頁 7下；卷 234，頁4；卷 235，頁 5下；卷 238，頁 9下，頁 7，頁 8，頁 10；卷 275，頁 11。

(85) 「陛下誠能討論帝王之道，垂拱無爲，觀群臣之情僞，以道揆而應之，則孰敢爲欺？人莫敢爲欺，則天下已治矣。」見前引書卷223，頁 19 下。

(86) 見前引書，頁 11；又見頁 15；卷 232，頁 2。

(87) 見顧立雅《道家》，頁 48-78。不過王也受道家的影響。1075年 5 月，他說：「輔萬物之自然而不敢爲，乃聖人所以治天下，非特財利事而已。」見《續長編》卷 264，頁 6 下。

(88) 即今浙江省寧波。

89 見《臨川集》，頁 795; 《商君書》卷 1，頁 1 下。

90 「常人不可與慮始，此乃陛下所宜留意。」見《續長編》卷 238，頁 13 下。

91 王知道強制力的用處。可是，如果要長期動員民衆，王認爲必須得到百姓的首肯。「安石曰:『中國如大物，要以大力操而運之爾』。又論民兵。安石曰:『既以民爲兵，則宜愛惜得其心。』」見前引書卷 263，頁 3。

92 「聖人之治民度於本，不從其欲，期於利民而已。」見《韓非子集解》<心度>第五十四，卷 20，頁 7 下; 又見卷 5，頁 9-10。

93 見《續長編》卷 248，頁 5 下。

94 「作威者主之權……以道循衆，則事功無必成之望。」見《臨川集》頁 647。

95 「王安石又白上: 凡欲成大功，立大事，必須能見衆人所不見，乃能成立。」見《續長編》卷 233，頁 17 上。

96 見前引書卷 235,頁 19 下。這裏王引用了《老子》書裏的一句話:「物形之，勢成之」，作爲他自己意見的出處。顧立雅曾就「道家意見出於申不害」這一點作過文章，見顧立雅《道家》，頁 48-78。讀者如欲知詳情，請參考顧立雅《申不害》頁 163-194。

97 說得更確切一點，王之常常談到義，是1070年以後的事。「苟當於義理，則人言何足邺?」見《續資治通鑑長編拾補》卷7,頁39下; 又見《續長編》卷 223,頁 17; 卷 236,頁 16 下。1064 年以前，他認爲仁是最主要的德綱。「德以仁爲主。故君子在仁義之間，所當依者仁而已。」見《臨川集》，頁 763。

98 見《臨川集》，頁 716。

99 「夫孔子之行，惟義之是……。」見前引書。

100 見《臨川集》，頁 682。

101 見前引書頁 444。又見頁 743 及頁 808。

102 這表示說王已開始感覺到道德規範性的力量畢竟有限度，而酬勞的力量有時候很管用。

103 見《臨川集》，頁 861。此文寫於 1060 年。這裏的主要意思也許是從《易經》那書上引來的。「何以聚人? 曰財。」見《周易》卷 8，頁 4 上。

104 《周易》上的原文是:「理財、正辭、禁民爲非，曰義。」見前引書。
105 見《續資治通鑑長編拾補》卷 6，頁 2。在《臨川集》裏，王曾說過:「蓋人主於士大夫，能饒之以財，然後可責之以廉恥。」見《臨川集》，頁 663。可見王在這裏所表示的看法由來已久。
106 見前引書，頁 745。
107 見前引書，頁 773。
108 見《續長編》卷 219，頁 2 上。
109 見前引書卷 240，頁 4 上。
110 同前。
111 「治國之實，必本於財用。」見《李覯集》頁 133。
112 見《臨川集》頁 417。
113 見前引書，頁 424。
114 見前引書，頁 421。
115 見前引書，頁 416。
116 見前引書，頁 418。
117 見前引書，頁 414；又見頁 733-35。
118 「安石曰:『文吏高者，不過能爲詩賦。及其已仕，則所學非所用，政事不免決於胥吏。』」見《續長編》卷 221，頁 17 下。
119 見《臨川集》，頁 419；又見，頁 667。
120 見前引書，頁 420。
121 見本書第六章，頁 115。
122 「苟不可以爲天下國家之用，則不教也；苟可以爲天下國家之用者，則無不在於學。」見《臨川集》，頁 412。
123 詳見前引書，頁 413。
124 見前引書，頁 413-414。
125 見前引書，頁 412-413。這一點李覯不曾強調。也許他還不太注意官員薪水的微薄。
126 見前引書，頁 415。
127 見前引書，頁 415-416。
128 「吏與士、兵與農合爲一，此王政之先務也。」見《續長編》卷 237，頁 8 上。

129 「自古論彊弱以將帥爲急。」見《續長編》卷 235，頁 6 上。

130 「有將帥則不患民兵不爲用矣。」見前引書卷 218，頁 8 下。

131 「人主御將帥當有方略。」見前引書卷 228，頁 17 上。

132 見《臨川集》，頁 736。

133 見前引書。

134 「後世循高祖則鮮有敗事，不循則失。」見前引書。

135 「用將之道，苟知其才，雖一敗宜寬貸。」見《續長編》卷 232，頁 17 上。

136 「臣於財利固未嘗學……」，見<上仁宗皇帝言事書>，《臨川集》，頁 417。此書寫於 1060 年。「金穀之事，某生平所不習。」見<上富相公書>，《臨川集》，頁 781。此書亦作於 1060 年。

137 「（司馬）光曰：『……天地所生貨財百物，止有此數，不在民間，則在公家。桑宏羊能致國用之饒，不取於民，將焉取之？』」見《續資治通鑑長編拾補》卷 3 下，頁 3-4。

138 「夫財物不自天降，亦非神化。……不損於下而能益上者，未之信也。」見《李覯集》，頁 300。

139 見《臨川集》，頁 795。這一個看法首見於1047年。至1073年時，王仍然信從此說。「王安石曰：『家可以資國，國可以資天下，天下必資天地。』」見《續長編》卷 248，頁 11 下。

140 見《臨川集》，頁 417。

141 見前引書，頁 416；又見頁 861。

142 見前引書，頁 737。

143 見前引書，頁 738。

144 英宗皇帝在位不久。王不曾在他治國期間寫什麼有份量的奏章。

145 「自今知州軍監，知縣縣令，有淸白不擾而實惠及民者，令本路監司保薦再任。政迹尤異，當加獎擢。」見《續長編》卷194，頁 23 上。

146 「熙寧四年二月丁巳朔、中書言……今年貢舉新制，進士罷詩賦帖經墨義，各占治《詩》、《書》、《易》、《周禮》、《禮記》一經，兼以《論語》、《孟子》……並大義十道，務通義理，不須盡用注疏。」見《續長編》卷 220，頁 1。

147 「如學行卓然尤異者，委主判及直講保明中書考察取旨除官。」見前引書卷 227，頁 8。

⑭⑧ 見本書第六章，頁 117。

⑭⑨ 「上又言：『曹司都不與祿，反責其受賕廢事，甚無謂。』安石曰：『本收助役錢，有剩者將以祿此輩。』」見《續長編》卷223，頁 11 下。又見卷 240，頁 4；卷 242，頁 1下；卷 246，頁 10。

⑮⓪ 這話有一個例外。1059 年上半年，李覯曾主持過國子監的行政。不過我找不到有關他這段時間的資料。

⑮① 「今人習見募兵而不見民兵之事久，故一聞此議，則不能無駭。然募兵之法不變，乃實有可憂。」見《續資治通鑑長編拾補》卷 6，頁 18 上。又見《續長編》卷 218，頁 8；卷 221，頁 8；卷 229，頁 15；卷 262，頁 3。

⑮② 「熙寧三年十二月……乙丑……中書言：司農寺定畿縣保甲條例……。」見《續長編》卷 218，頁 6-8 上。

⑮③ 「今所以爲保甲，足以除盜。然非特除盜也，固可漸習其爲兵。」見前引書卷 221，頁 23 上。

⑮④ 「安石曰：『欲公私財用不匱，爲宗廟社稷久長計，募兵之法誠當變革，不可獨特。』」見前引書，頁上 8。

⑮⑤ 見本書第六章，頁 119-20。

⑮⑥ 1074 年 9 月，當王不在職時，宋朝政府採取了一個很有意義的行動，把皇帝與將帥之間的信任關係制度化了。朝廷聽取了經略安撫使蔡挺的建議，把駐邊境以外地區的所有軍隊組成三十七個單位，每單位由正副將領統率之。「將有正副，皆給虎符。」見《續長編》卷 250，頁10上。這一個制度上的改革讓將能知兵而兵也能知將，有利於增加宋朝部隊的戰鬪力。有些作者把這功勞歸給王安石。見漆俠《王安石變法》，頁 251-52。

⑮⑦ 「置軍器監，總內外軍器之政。」見《續長編》卷 245，頁21上。事實上，宋朝政府早已注意到這問題。1059 年，有一道詔令就正指到這個問題。「嘉祐四年秋七月……庚申，詔在京所造軍器多不精利。其選朝臣使臣各一員揀試之。」見前引書卷 190，頁 4 上。

⑮⑧ 「軍器監奏，自置監以來，比之舊額，軍器數十倍，少亦不減一兩倍……。」見前引書卷 264，頁 12-13。

⑮⑨ 宋朝政府於 1043 年 3 月下令增加諫官的人數。見《續長編》卷

140，頁 2。1044 年 8 月，它更禁止高官推薦諫官。「戊午，詔自今除臺諫官毋得用見任輔臣所薦之人。」見前引書卷 151，頁 24 下。王也許是爲了回應這兩條詔令而寫了<諫官論>。

160 「嘗聞周公爲師，而召公爲保矣。周官則未之學也。」見《臨川集》，頁 674。

161 「三司判官，尤朝廷所選擇，出則被使漕運，而金穀之事，某生平所不習，此所以蒙恩反側而不敢冒也。」見《臨川集》，頁 781。

162 「政事所以理財，理財乃所謂義也。一部周禮，理財居其半……」見前引書，頁 773。這封<答曾公立書>據推斷是寫於 1070 年。我自已心裏有個疑問。王於 1058 年 10 月被派爲度支判官，而他在1060 年自稱對金穀之事不很熟悉。那麼他任度支判官時到底擔任了甚麼職務?

163 「……上問『何以得陝西錢重，可積邊穀? 』安石對曰:『欲錢重，當修天下開闔斂散之法。』因言泉府一官，先王所以摧制兼併……。」見《續資治通鑑長編拾補》卷 4，頁 5。又見卷 7，頁 23 下，頁 29 上。

164 <答曾公立書>，見《臨川集》頁 773。1072 年，王寫<上五事劄子>時，聲稱「免役之法，出於周官」，「市易之法，起於周之司市，漢之平準」。見前引書，頁 440-1。

165 「自生民以來，能繼父之志，能述父之事，而得四海之驩心以事其父，未有盛於周公者也。」見前引書，頁 660。

166 「大哉周公乎! 接文武之聖，救商人之敝。以之爲禮，禮無不中;以之爲政，政無不和。土，天下之廣也，而一塊莫敢爭，先爲之限也。口，天下之衆也，而勺飲無所闕，先爲之業也。率飽煖之民而納之於仁義，驩焉可不反顧矣。其曰兼三王，不亦宜乎? 後雖有作者，周公其弗可改也已。」見《李覯集》，頁 212。

167 不從事生產的壯丁是會被罰的。「凡民無職事者，出夫家之征。」見《周禮》卷 13，頁 15。

168 見《續長編》卷 232，頁 1 下。

169 見歐陽修《歐陽文忠公集》卷 33，頁 2-3。這一點，我是看了漆俠的書以後才知道的。見漆俠《王安石變法》，頁 134。

170 「參視民闕乏時，令自度穀麥之入，預貸以官錢，穀麥熟則償，謂

之青苗錢……其後青苗法蓋取諸此。」見《續長編》卷 174,頁 12 下。

171 「浙民以給衙前役，多破產。復主悉罷遣歸農，令出錢助長名人承募，民便之。」見《宋史》卷 291，頁 16 上。這一點我也是看了漆俠的書以後才知道的。見漆俠《王安石變法》，頁 62。

172 「王韶之議開邊也，（李）師中贊成之。及韶改提舉蕃部兼營田市易也，師中始言其不便。」見《續長編》卷 212，頁 2。

173 「先是有魏繼宗者，自稱草澤，上言……宜假錢別置常平市易司……。」見前引書卷 231，頁 12-3。

174 「大理寺丞郭諮……等用千步方田法四出量括，得其數，除無地之租者四百家，正無租之地者百家……。」見前引書卷 144，頁 6。

175 由於李和王的理財哲學有所不同，因此他們的實際主張也迥異。李著重節流，而王著重開源。

176 見本書第六章，頁 124-25。

177 這是李所寫的<平土書>的主要內容。見《李覯集》,頁 183-213。

178 「農田利害條約（熙寧二年十一月頒布）獎勵人民提供土地所宜種植之法；創陂塘、圩埠、堤堰、溝洫；修復陂湖河港；開墾廢田曠土……。」見方豪《宋史》(一)，頁 111。

179 見本書第四章，頁 77。

180 見本書第六章，頁 126-27。

結　論

探討過李覯的思想，並把它與先秦的思想家以及他的一些同時代人的想法比較以後，我們現在可以來作一個總的評價。

李覯在中國歷史上不能算是一位頂尖的思想家❶。他的確曾做過一些貢獻，可是它們並不那麼壯觀❷。他的貢獻最多可說是《論語》、《孟子》，及《荀子》三書裏所談主題的邏輯上的延伸，而在儒家傳統裏，還有許多其他的主題他可以選來發揮，而他不曾如此做。譬如說，他可以把「天的反神秘化」趨向發揮下去。這一個趨向在《孟子》一書裏已經見到端倪，在《荀子》裏被發展過❸，如果李覯繼承這一個趨向，他很可能為儒家的理性思想的發展提出重要的貢獻。他也可以把君主與臣僚之間關係的分析精密化❹。這一種分析最先見於《荀子》。如果李能繼續下去，他可能把它發展成一套獨立的「統治階級的類型理論」。其次，他可以把《韓非子》裏面的聖王觀念❺與《孟子》及《荀子》裏君主權力的條件性和工具性觀念❻結合起來，從而發展出一套比以前任何理論更深奧的政治理論。可是李覯不曾拾起任何上述這些線索。的確，從 1032 年起，當他寫完《禮論》七篇以後，他對理論的興趣就逐漸減少了。他以後被更實際的問題所吸引，譬如說土地的均分等等。1038 年，宋被西夏入侵以後，這一種講求實際問題的傾向更明顯了。

可是，作爲一個社會批評家，李就應該在多彩多姿的十一世紀上半葉有貢獻的知識分子羣裏占一個位置。在那五十年裏，新的態度正在發展。李所作的許多批評和建議，可說也反映了他同時代人的意見。可是他也有他自己獨特的看法，譬如說他指出了他所生活中的社會的愛奢侈惡習。他爲解決北宋問題所提出的辦法中，有些很新鮮，也很有創見。他建議設立學校以代替考試制度，以便徵募政府的官吏；設立軍器監以監督兵器的製造；在土地使用權上設一個高限，及減少免差役的特權。這些建議都很重要，而且很可能是當時沒有別人再有這種想法的❼。以是否有創見來論，他的第二個建議（設軍器監）也許是非常新穎的。其他三個是試着恢復古代的某些措施。這就把我們引到另一個李覯的想法上的特徵。

基本上，李覯是一個復古主義者，他對許多古代的措施有很高的評價，因此希望能把它們復活❽。以一個被緊緊監管的學校制度來代替考試可能是從《禮記》裏引申出來的❾。他所提議的逐漸用民兵來替代宋朝的職業軍人是從《管子》這書上引來的，而他所用的字句事實上是抄錄了那本書❿。在土地所有權上加一個高限使人想起井田制，而李曾在 1031 年稱讚過那制度⓫。他提議的減少免差役特權的辦法是以一種古代措施作基礎的。按照那個措施，只有貴族才有豁免權⓬。最後，他所作的兩個提議（用百姓的社會地位來調整他們的消費權，以及把多餘的商人和手工藝人回導到農耕）可能是受了《周禮》⓭或《管子》⓮裏的話的影響。

李覯所作的另外一些建議讓人覺得他是一個保守主義者⓯。

如果他對他所處時代裏的一些價値感到不滿，那是因爲他對社會裏的新發展感到不安，而他總是回頭向傳統尋求答案。因此當他看到農大轉業成爲商人或手工藝師時，他就要政府出來阻止這種趨勢。他沒想到，宋朝的經濟正在擴展，專業化和分工是必須的。同樣地，他無法容忍唱歌跳舞人的增加。他不覺得文化上的多樣性有什麼可取。如果整個宋朝像古代一樣只有四大職業（士農工商），他就會覺得心安些⑯。

可是，他對利的看法（「利應該被大家合法討論並且應該受到政府官員的重視」），以及他在 1041 年提議把宋朝弄富弄強顯示出他有時候也很實在。其次，他在 1038 年以後大量借用法家的觀念（這一個轉向的意義因爲 1069 年以後的王安石也有過同樣轉向便顯得特別重要）爲我們引發很多很有意義的問題。儒家所強調的君主德性及以身作則的統御方式能夠滿足統治的需要嗎？當國家處於危機時期，我們可不可以把法家的強制統御論調加到儒家的政治觀念裏去？這樣的滲合與儒家重禮義、輕法刑的統治論是否相合⑰？由於李是學者而王是政治家，他們兩人不約而同地揉合了儒法兩家哲學的事實可能顯示出一個答案，那就是傳統儒家理論是無法滿足統治目的的。儒家理論必須有另外一些理論來補充它，而法家的強制統御論，如果是以暫時借用爲基礎，似乎可以用來作陪襯。

其次，李和王之間意見上的同異可以幫助我們更明確地了解王的新政的意義；這些政策之所以有名，並不是因爲它們想法上的原創性。它們之中大部份的論點早已被人談過或小規模地實行過——在政治及軍事方面有李覯；在經濟方面有許元、李參、李復圭、王韶、魏繼宗及郭諮。眞正使王與衆不同的是一種政治想法，即政府必須用強制統御術爲百姓謀福利[18]，甚至闖入經濟領域裏去[19]；以及他的財政哲學——人們可以而且必須利用現有的自然資源，以及必須有適當的經營方法使一個國家富裕。最後，他獲得了神宗皇帝給他實行新政時的史無前例的支持[20]。

李覯大體上同時很明顯地會同意王的政治行動論。他對王的財政哲學也可以隱約地同意一些。然而他從來不曾被任何一個宋朝君主欣賞過。他的命運和王的命運完全乖異。這一個事實限制了他在中國歷史上的地位。可是，李很可能是王安石的政治實驗的鼓舞人，而這些實驗後來成爲宋朝政治上的漩渦，並且在中國的傳統上留下一個深刻而且永久的烙印。

附註

❶ 另一方面，胡適認爲「李覯是北宋的一個大思想家。他的大膽、他的見識、他的條理，在北宋的學者之中，幾乎沒有一個對手！」見《胡適文存》第二集，卷 1，頁 43＜記李覯的學說＞。我對胡適加給李覯的評價，旣不贊同，也不否定，因爲我還沒遍閱北宋作家的文集。我在此地是把李覯與《論語》、《孟子》、《荀子》、《商君書》及《韓非子》等書的作者相比。

❷ 這可能有兩個原因：李覯本身缺乏原創性，以及儒家政治理論體系內缺乏周旋的餘地。第一個原因比較容易表明，可是，如想確定第二個原因，我們就必須作一個周詳的系統分析。我在此地不想對後者貿然作嘗試。

❸ 《論語》和《孟子》兩書的作者都相信天是一種力量，可以藉超自然的力來控制人世間的生命與活動。「子畏於匡，曰：『文王旣沒，文不在玆乎？天之將喪斯文也，後死者不得與於斯文也。天之未喪斯文也，匡人其如予何？』」見《論語》＜子罕＞第九。「天不言，以行與事示之而已矣。」見《孟子》＜萬章＞章句上。可是，在《孟子》裏，天又有「宇宙間萬物總和」的意思，而且它的功能是可以預測的。「天之高也，星辰之遠也，苟求其故，千歲之日至，可坐而致也。」見《孟子》＜離婁＞章句下。這種「把天的神秘性減消」，並把「天與人事分開」的工作，在《荀子》一書裏達到極致。天與人事之間的關係給否定了。國家的富庶、安定，以及生存，全得靠人自己努力。「……治亂非天也……非時也……非地也。《詩曰》：『天作高山，大王荒之；彼作矣，文王康之。此之謂也。』」見《荀子》卷11，頁15。李覯對天的看法並不一致。有時候他認爲天災是自然產生的，因此消除天災的災患得靠人自己的努力。「水旱之災，雖天所爲，至於人力，亦有可及矣。」見《李覯集》，頁79。可是有時候他又認爲國君的品德和行爲可以影響天氣及不尋常現象的發生。「故無德以色親，則天有投蜺之異。」見《李覯集》，頁 70。另見頁 87，頁 143，頁 174。

❹ 《荀子》的作者把君分作三大類，即聖君、中君及暴君。其次，他認為不同的君會引起他們的大臣作出各種不同的行為。「事聖君者有聽從，無諫爭；事中君者有諫爭，無諂諛；事暴君者有補削，無撟拂。」見《荀子》（<臣道>篇第十三），卷9,頁 4上。最後，他以「刺激反應圈」及「君與國的利益」作準則，把大臣分劃為九種不同的類型。「順……諂……忠……簒……國賊……諫……爭……輔……拂……。」見前引書，頁 2-3。

❺ 在我看過的先秦諸子的著作中，只有《韓非子》才明晰地提過，古代有兩個人（即有巢氏和燧人氏）因為對百姓有功績，因而被推戴為統治者。這也就是說，政權的獲得是因為有人有智慧，且對百姓公眾有貢獻。見《韓非子集解》卷19，頁1（<五蠹>第四十九）。我稱這類國君為聖王。

❻ 《孟子》和《荀子》兩書的作者都認為一個濫用權力的國君應該馬上被奪去尊稱和職位，而老百姓應該可以合法地處罰這種國君。「賊仁者謂之『賊』，賊義者謂之『殘』。殘賊之人，謂之『一夫』。聞誅一夫紂矣，未聞弑君也。」《孟子》<梁惠王>章句下，第八節。「桀紂無天下，而湯武不弑君……」，見《荀子集解》<正論>第十八，卷 12，頁 5。我的感覺是：如果《孟子》和《荀子》裏的理論能和《韓非子》裏的聖王理論相結合，那麼一個很有意思的政治理論便可產生了。這理論可綜述如下：國君之所以能够掌權，是因為他對百姓有貢獻；只要他表現得好，他就可以繼續掌權；可是，一旦他失去了他們的信任，他就會被百姓從職位上揪出去。百姓是主權所在，他們之聽從國君是自願的。換句話說，國君所擁有的權力是暫時的，是有條件的。

❼ 最理想的做法是我把北宋所有作家所留下來的文集都讀過，然後對李覯所作的各種批評作一個極其精確的判斷，看看那些批評是獨一無二的。不過為了要控制我的研究範圍，我無法實現這種理想。

❽ 「復活」意指這些古代措施以前都被實行過。這一點我無法確定。因此，比較精確一點的說法是：李覯希望宋朝政府能實行這些古代的措施。

❾ 根據《禮記》的記載，古代的學生由司馬評定能力，並由他向國君推薦他們的任命。而所有這些評薦都不經過考試。「司馬辨論官材，

論進士之賢者以告於王而定其論，論定然後官之，任官然後爵之，位定然後祿之……。」見《禮記》卷 13，頁 7上。

⑩ 見《管子》<小匡>第二十，卷 8，頁 10。這一節總字數是一百三十七個字，而李覯的有關章節只有六十四個字。在這六十四個字中，百分之五十是照《管子》那書抄錄下來的。

⑪ 不過李覯沒用「井田」這兩個字，而是用「井地之法」。見《李覯集》，頁 214。

⑫ 李覯不曾說明這一個「古」代是什麼時候。他只用了一個很籠統的名詞——古之貴者。「古之貴者，舍征止其身耳。」見前引書，頁 312。

⑬ 「大司徒……以本俗六安萬民……六曰同衣服。」見《周禮》卷 10，頁 20-21。司市的責任在於使物品中規矩：「<王制>曰:『用器不中度,不粥於市；兵車不中度,不粥於市……』」見《李覯集》，頁86。當然，這些規定也可能會產生減少商工人數的效果。

⑭ 「度爵而制服，量祿而用財……」見《管子》<服制>卷 1，頁 16上。

⑮ 不過李覯也有一些駭人聽聞的見解，譬如說，他轉述了《孟子》裏「未聞弒君也」之類的話，而這在宋朝是很富革命色彩的。然而這種轉述只見於 1031 年，之後很少再見過。另外，他所處的時代也不流行談「利」的問題，而他卻大談特談。

⑯ 「所謂冗者，不在四民之列者也。」見《李覯集》，頁 138。

⑰ 儒家的理論見《論語》。「子曰:『道之以政，齊之以刑，民免而無恥；道之以德，齊之以禮，有恥且格。』」見《論語》<爲政>第二第三節。

⑱ 我曾經指出過，這一種觀點是從法家那邊借過來的。見本書第七章，頁 152-53。

⑲ 這主意可能源自《管子》。見本書第四章㊼。

⑳ 不過神宗有時候也對新政發生懷疑。1074 年 4 月，他一度以爲旱災之發生是因爲政府推行新政所引起的。王安石試着把這兩件事分開，可是神宗老把它們糾在一起，結果王安石辭掉了他的相職。「會久旱，百姓流離，上憂見顏色，每輔臣進對，嗟嘆懇惻，益疑新法不便，欲罷之……」「熙寧七年夏四月……丙戌，禮部侍郎平

章事監修國史王安石罷爲吏部尚書觀文殿大學士知江寧府……」見《續長編》卷 252，頁 19 上-20 上。不過，王安石雖罷，神宗還是推行新政，直到 1085 年他自己去世時爲止。

年表

西元1009（宋，真宗大中祥符二）年，李覯出生

——帝召輔臣至內殿朝拜天書。

西元1010（大中祥符三）年，李覯二歲

——契丹伐高麗，大敗。

西元1011（大中祥符四）年，李覯三歲

——邵雍生。
——趙德明遣使來貢。

西元1012（大中祥符五）年，李覯四歲

——三月，進士及第一百人，諸科及第三二四人。
——江淮兩浙路試種占城稻。

西元1013（大中祥符六）年，李覯五歲

——詔諸路勿稅農器。

西元1014（大中祥符七）年，李覯六歲，初調聲韻，習字書

——夏州趙德明遣使來貢。
——以渭州蕃族首領嘉勒斯賚爲殿直，充巡檢使。

西元1015（大中祥符八）年，李覯七歲

——取進士一九七人，諸科三六三人。

——范仲淹登進士第，除官，始復姓改名，迎母歸養。

——放宮人一八四人。

——上與王旦討論「傜役不及兼幷之民」事。

西元1016（大中祥符九）年，李覯八歲

——去年天下戶八、四二二、四〇三；口一八、八八一、九三〇。

——詔自今天下群官職田須遵守元制，不得侵擾客戶。

西元1017（天禧元）年，李覯九歲

——周敦頤生。

——右正言魯宗道言，官吏中孜孜於民政者十不一二。

——王旦求罷相，從之。

——高麗王詢遣御史率女眞首領梅詢奉表來獻方物。

西元1018（天禧二）年，李覯十歲，習聲律

——宰臣向敏中言，今邊境妥安而兵數未減，宜節省冗費。

——詔近臣觀玉宸殿刈小香占城稻。

——左諫議大夫孫奭請裁省浮用，不報。

西元1019（天禧三）年，李覯十一歲

——曾鞏、司馬光生。

——屯田員外郎張宗誨言，諸州取年滿里正爲牙職，主掌官物，多致破蕩家業，詔付三司。

——上迎導天書入內，太子右諭德魯宗道諫之，不聽。

——上大會道釋於天安殿，凡一三、〇八六人。

——崔元信率東西女眞首領入見。

西元1020（天禧四）年。李覯十二歲，始近文章

——詔諸民僞立田產要契，託衣冠形勢戶庇役者限百日自首。

西元1021（天禧五）年，李覯十三歲

——王安石生。
——國家率三歲一親郊祀，共計緡錢常百五十餘萬貫。

西元1022（乾興元）年，李覯喪父；是年十四歲

——眞宗去世；仁宗卽皇帝位，軍國事兼權取皇太后處分。
——天書從葬永定陵。
——詔應典賣田產影占徭役者聽人告。

西元1023（天聖元）年，李覯十五歲

——命提舉諸司庫務薛貽廓、御史中丞劉筠與三司同議裁減冗費。
——禮儀院請減損醮數。

西元1024（天聖二）年，李覯十六歲

——詔禮部諸科舉人不能對策者未得退落
——宋郊、葉淸臣進士及第
——權判都省馬亮言天下僧以數十萬計，請非時不度人，詔可。

西元1025（天聖三）年，李覯十七歲；除父喪服，稍出游，求師友

——集賢校理聶冠卿落職，坐妄塗竄《十代興亡論》。

西元1026（天聖四）年，李覯十八歲

——詔舉人雖文辭可採，而操檢不修者州郡毋得薦送。

——詔逃亡經十年以上歸業者未得起稅，更候三年減稅之十五。

——減諸路歲造兵器之半。

西元1027（天聖五）年，李覯十九歲

——詔禮部貢院進士以策論兼考之。

——晏殊知應天府；晏殊延范仲淹至應天府教諸生。

——罷陝西預放青苗價錢；賜進士王堯臣等一九七人及第；諸科及第并出身者六九八人。

西元1028（天聖六）年，李覯二十歲

——以大理評事范仲淹爲秘閣校理。

西元1029（天聖七）年，李覯二十一歲

——復置制舉。

——詔自今試人令學士舍人院試詩賦如舊制，以近歲所試論策其文汙漫難考也。

西元1030（天聖八）年，李覯二十二歲；娶陳女為妻；撰策論九五篇；見余靖

——范仲淹奏疏請皇太后還政，不報；尋出河中府通判。

——富弼以詞理皆優受賞於禮部。

——歐陽修中進士。

西元1031（天聖九）年，李覯二十三歲；著《潛書》十五篇；鷄

鳴而起，誦孔孟群聖人之書

——賜進士王拱壽等二〇〇人及第，諸科及第同出身五七三人。

——以書判拔萃人宣州司理參軍曲江余靖爲將作監丞知海陽縣。

——富弼以策入茂材異等第四等；以弼爲將作監丞知長水縣。

——是歲天下主戶五、九七八、〇六五，口一三、二一〇、九二四；客戶三、四〇二、七四二，口五、七二五、一四二。

西元1032（明道元）年，李覯二十四歲；著《禮論》七篇

——賜李淑五品服程；顥生。

——殿中丞滕宗諒請太后還政，不報。

——西平王趙德明封夏王。

——德明死，子元昊繼立。

——殿中丞宋祁爲直史館。

西元1033（明道二）年，李覯二十五歲；

——上祀先農，行耤田禮；程頤生。

——太后去世，帝親政。

——太常博士秘閣校理范仲淹爲右司諫。

——命范仲淹安撫江淮；仲淹上疏陳國家八事。

——出宮人二〇〇人。

——帝廢后，范仲淹力爭不果，出知睦州；富弼諫止，不報。

西元1034（景祐元）年，李覯二十六歲；作〈邵氏神祠記〉

——知制誥李淑權同知貢舉；范仲淹徙蘇州。
——趙元昊始寇府州。
——進士諸科取解而被黜落者毋得復應茂材異等三科。
——得進士五〇一人，諸科二八二人，特奏名八五七人。
——秘書丞孫沔爲監察御史裏行。
——蘇紳、吳育、張方平等以制舉績優升官。
——孫沔直言，責知潭州衡山縣，再責監永州酒。

西元1035（景祐二）年，李覯二十七歲；致蘇紳信

——范仲淹在蘇州奏請立郡學，延胡瑗爲教授。
——知蘇州左司諫秘閣校理范仲淹爲禮部員外郎、天章閣待制。
——度支判官集賢校理聶冠卿同修樂書。
——知制誥李淑同勾當三班院。
——范仲淹任吏部員外郎，權知開封府。
——元昊攻打嘉勒斯賚，大敗。

西元1036（景祐三）年，李覯二十八歲；著《明堂定制圖及序》、《平土書》，是年入京，贄見宋庠、李淑、聶冠卿、葉清臣

——蘇軾生；王安石隨親入京。
——漢書官秘書丞余靖爲集賢校理。
——五月，天章閣待制權知開封府范仲淹落職知饒州。
——余靖仗義爲范仲淹辯，落職監筠州酒稅。
——太子中允館閣校勘尹洙上言爲仲淹辯，貶爲崇信軍節度掌書記，監郢州酒稅。
——以度支判官、工部郎中、集賢校理同修起居注聶冠卿爲刑部郎中直集賢院。

西元1037（景祐四）年，李覯二十九歲；往鄱陽見范仲淹。參加鄉試，不利

——詔禮部貢舉。

詔河北河東轉運司密下諸州繕器械、完城壁以嚴邊備。

——徙知饒州范仲淹知潤州，監筠州稅；余靖監泰州稅。

西元1038（寶元元）年，李覯三十歲；著《廣潛書》；范仲淹招李覯為潤郡教授

——校書郎張方平陳七事；王安石喪父，遂家金陵；司馬光舉進士甲等。

——賜進士二〇〇人及第，一一〇人同出身；特奏名一六五人；諸科四一四人及第；特奏名被恩賜者九八四人。

——詔賢良方正等四科並同試策題。

——趙元昊築壇受册僭號大夏。

——趙元昊反。

西元1039（寶元二）年，李覯三十一歲；著《易論》

——右正言直集賢院吳育建言。

——徙知潤州范仲淹知越州。

——放宮人二〇七人。

——知制誥王堯臣與三司共議解鹽通商事。

——詔削元昊官爵除屬籍。

——太子中允直集賢院富弼上疏。

西元1040（康定元）年，李覯三十二歲；得男參魯。范仲淹在越州，李覯應招往謁，始晤胡瑗

——延州兵爲元昊所敗。

——以內臣監軍，富弼諫之，不聽。
——右正言直集賢院修起居注吳育乞通回紇以破昊賊。
——吏部員外郎知越州范仲淹復天章閣待制，知永興軍。
——太子中允直集賢院兼知諫院富弼爲鹽鐵判官。
——復太常博士知楚州孫沔爲監察御史。
——范仲淹爲陝西經略安撫副使。
——太常丞史館修撰富弼建言：朝廷未省東南九道。
——范仲淹兼知延州。
——元昊寇邊，官軍戰沒者五千人。
——判太常禮院知制誥吳育同判太常寺兼禮儀事。

西元1041（慶曆元）年，李覯三十三歲，著《富國、强兵、安民策》；上慎釴書；郡擧其應茂材異等科；上吳育、王堯臣、富弼、劉沆書

——王安石服闋，至京應禮部試。
——元昊遣人至邊請和。
——任福率軍追勦，戰死。
——詔以銅錢出外界一貫以上爲首者處死。
——陝西體量安撫使王堯臣析邊境軍情。
——命翰林學士王堯臣看定三館秘閣書籍。
——翰林學士王堯臣兼龍圖閣學士。
——知制誥吳育奏定天子臨喪禮。
——右正言知制誥劉沆爲契丹國母生辰使。
——八月，元昊陷豐州。

西元1042（慶曆二）年，李覯三十四歲；試制科，禮部評為第一；七月，李覯試制科不第，歸，過南康，見郡守祖無擇

——王安石成進士。

——集賢校理歐陽修上疏論國事。
——策試才識兼茂，明於體用科殿中丞錢明逸。
——涇原副都部署葛懷敏與元昊戰，沒於定州寨。

西元1043（慶曆三）年，李覯三十五歲；作《慶曆民言》、《周禮致太平論》，集《退居類稿》十二卷；李覯應建昌軍知郡之請，出任教職；上蔡襄書；李覯全家感染瘟疫

——詔三司下諸路轉運司具析諸州縣差徭賦斂之數，委中書樞密院議蠲減之。
——延州言元昊遣使來納款。
——陝西運轉使孫沔上書劾宰相呂夷簡。
——呂夷簡罷相。
——范仲淹爲參知政事。
——九月，范仲淹奏十事。

西元1044（慶曆四）年，李覯三十六歲，因鄒子房事入獄二十天；出獄後辭去教職，回老家耕田。上富弼、范仲淹書，獻《慶曆民言》

——詔州縣皆立學；士須在學習業三百日乃聽預秋試。
——元昊復稱臣。
——范仲淹爲陝西河東路宣撫使。

西元1045（慶曆五）年，李覯三十七歲；妻故；余靖薦李覯於朝，不報

——右正言錢明逸劾富弼。

西元1046（慶曆六）年，李覯三十八歲

——王安石在京師。
——三司使王拱辰言國中兵八十萬，太多。
——賜進士二三〇人及第，一百九十人出身，一百十七人同出身。

西元1047（慶曆七）年，李覯三十九歲；撰《禮論後語》、《刪定劉牧易圖序》；喪女

——王安石知鄞縣。
——詔諸州毋得擅毀諸祠廟。

西元1048（慶曆八）年，李覯四十歲

——范仲淹知杭州。
——夏國主曩霄（卽趙元昊）卒。
——封曩霄子諒祚爲夏國主。

西元1049（皇祐元）年，李覯四十一歲；范仲淹薦李覯於朝，不報

——詔撰策題官先問治亂安危大體，其餘所問經義名數自依舊例。
——嶺南蠻儂智高寇邊。

西元1050（皇祐二）年，李覯四十二歲；赴范仲淹招於杭州；八月，范仲淹薦李覯於朝；授試太學助教

——王安石歸臨川。
——宋庠請季秋大饗於明堂。

西元1051（皇祐三）年，李覯四十三歲；丁母鄭夫人憂

——召王安石赴闕，俟試畢別取旨；安石辭不就。

西元1052（皇祐四）年，李覯四十四歲；多病；上孫沔書

——范仲淹卒。
——遣余靖、孫沔、狄青討儂智高。

西元1053（皇祐五）年，李覯四十五歲；著《常語》三卷

——狄青敗儂智高於邕州。
——陝西轉運使李參行青苗錢。

西元1054（至和元）年，李覯四十六歲；撰《常語後序》

——王安石由舒州赴闕，除集賢校理。
——孫沔諫（追册溫成於禮不可），責知杭州。

西元1055（至和二）年，李覯四十七歲；寄富公弼書

——富弼判幷州。
——罷諸路里正衙前。
——富弼爲平章事。
——九月，王安石撰〈桂州新城記〉（時知桂州爲余靖）。

西元1056（嘉祐元）年，李覯四十八歲

——程頤入國子監讀書；王安石爲群牧判官；胡瑗管勾大學
——狄青罷樞密使。
——十二月，王安石提點開封府界諸縣鎭公事。

西元1057（嘉祐二）年，李覯四十九歲；充太學說書

——王安石知常州，移提點江東刑獄。

西元1058（嘉祐三）年，李覯五十歲；除通州海門主簿太學說書

——王安石撰上仁宗皇帝書。

——十月，王安石爲度支判官。

西元1059（嘉祐四）年，李覯五十一歲；胡瑗病，致仕；李覯權管勾太學；八月，李覯卒於家

——五月，王安石直集賢院。

參考書目

（按作者姓氏筆畫排列）

1. 《十三經注疏》南昌，1815 年版。
2. 巴拉徐：《中國文明及官僚機構》(Etienne Balazs. *Chinese Civilization and Bureaucracy.*)，耶魯大學出版社，1964年。
3. 方豪：《宋史》臺北，中華文化出版事業社，1964 年。
4. 王安石：《周官新義》臺北，商務印書館，1956 年。
5. 王安石：《臨川先生文集》上海，中華書局，1964 年。
6. 王夫之：《宋論》北京，中華書局，1964 年。
7. 王先謙：《荀子集解》臺北，藝文書局，1967年（1891 年版）。
8. 王先愼：《韓非子集解》臺北，藝文書局，1969年(1896年版)。
9. 王德毅：＜宋代賢良方正科考＞，見《國立臺灣大學文史哲學報》卷14，頁 301-355（1965年）。
10. 王通：《中說》四部備要本。
11. 本田濟：＜李覯について＞見《石濱先生古稀紀念東洋學論叢》，1957 年。
12. 全漢昇：＜北宋物價的變動＞，見《國立中央研究院歷史語言研究所集刊》卷 11，頁 337-394（1944 年 9 月）。
13. 全漢昇：＜宋代官吏之私營商業＞，見《國立中央研究院歷史語言研究所集刊》卷 7，頁 199-244（1936 年 12 月）。
14. 全漢昇：＜唐宋政府歲入與貨幣經濟的關係＞，見《國立中央研究院歷史語言研究所集刊》卷 20，頁 189-221 (1948 年 6 月)。
15. 托托：《宋史》百衲本。
16. 李覯：《直講李先生文集》四部叢刊本。
17. 李覯：《李泰伯先生全集》，1903 年版。
18. 李覯：《李覯集》北京，中華書局，1981 年。
19. 李埴：《皇宋十朝綱要》東方學會，1924-27 年。
20. 李燾：《續資治通鑑長編》，1819 年版。
21. 宋史座談會編：《宋史研究集》第四集，臺北，臺灣書店，1969

年。

22. 徐松編:《宋會要輯稿》上海，大東書局，1935 年。
23. 金毓黻:《宋遼金史》上海，商務印書館，1946 年。
24. 《周禮》(《十三經注疏》本)。
25. 《孟子》(《十三經注疏》本)。
26. 哈特威爾:《中國經濟史資料引導，618-1368 年》(Robert M. Hartwell. *A Guide to Sources of Chinese Economic History, A. D. 618-1368*)，芝加哥大學遠東文明委員會，1964 年。
27. 侯外廬:《中國思想通史》北京，人民出版社，1959 年。
28. 胡適: <記李覯的學說>，見《胡適文存》二集。上海，雅東圖書館，1940 年。
29. 柯睿格:《宋初文官制度》(Edward A. Kracke, Jr. *Civil Service in Early Sung China, 960-1067*)，哈佛大學出版社，1968 年。
30. 柯睿格:《宋朝文官官位、職位及政府機構名稱之翻譯》巴黎，高等研究學院，1957 年。
31. 柯敦伯:《王安石》上海，商務印書館，1939 年。
32. 柯昌頤:《王安石評傳》上海，商務印書館，1935 年。
33. 柳宗元:《柳河東集》上海，商務印書館，1929 年。
34. 祖無擇:《洛陽九老祖龍學文集》，1929 年版之菲林卷，藏臺北中央圖書館。
35. 韋政通:《中國哲學思想批判》臺北，水牛出版社，1968 年。
36. 陳均:《九朝編年備要》臺北，商務印書館，1977 年。
37. 陳正鳴: <宋代政論家李覯學說述略>，見《中興評論》卷 3，頁 17-22 (1956年11月)。
38. 秦湘業:《續資治通鑑長編拾補》，1883 年版。
39. 梁啓超:《王荆公評傳》臺北，中華書局，1966 年。
40. 班固:《漢書》百衲本。
41. 張蔭麟: <宋初四川王小波李順之亂>，見《清華學報》卷12，頁 315-335 (1937 年 4 月)。
42. 黃宗羲:《宋元學案》上海，商務印書館，1929 年。

43. 黃節: ＜李覯傳＞，見《國粹學報》卷 4，頁 1-4。
44. 《備要》卽陳均《九朝編年備要》。
45. 麥克耐: 《南宋的鄉村和官僚機構》(Brian E. McKnight. *Village and Bureaucracy in Southern Sung China*)，芝加哥大學出版社，1971 年。
46. 《商君書》四部備要本。
47. 揚雄: 《法言》四部備要本。
48. 《愼子》臺北，世界書局，1958 年。
49. 鄒枋: ＜李覯土地經濟綱領＞，見《經濟學季刊》卷 4，頁 53-109 (1933年)。
50. 蒲立班: ＜唐朝思想界裏的新儒學與新法家理論，755-805年＞，見賴特: 《儒家的信仰》(Edwin G. Pulleyblank, "Neo-Confucianism and Neo-Legalism in T'ang Intellectual Life, 775-805" in Arthur F. Wright, ed. *The Confucian Persuasion*)，斯坦福大學出版社，1960 年。
51. 趙鐵寒: ＜關於宋代強幹弱枝國策的管見＞，見《大陸雜誌》卷 9，頁 267-68 (1954 年 10 月)。
52. 漆俠: 《王安石變法》上海，人民出版社，1961 年。
53. 熊公哲: 《王安石政略》上海，商務印書館，1937 年。
54. 《綱要》卽李埴《皇宋十朝綱要》。
55. 《管子》四部備要本。
56. 廖譯: 《韓非子全集》(W. K. Liao, trans. *The Complete Works of Han Fei Tzu*) 倫敦，普洛勃斯坦公司，1939-59 年。
57. 蔣復璁: ＜澶淵之盟的研究＞，見《宋史研究集》第二册，臺北，中華圖書委員會，1964 年。
58. 德布斯: 《荀子的著作》(Homer H. Dubs, trans. *The Works of Hsuntze*) 倫敦，普洛勃斯坦公司，1928 年。
59. 德文旦: 《商君書》(J. J. L. Duyvendak, *The Book of Lord Shang*)，芝加哥大學出版社，1963 年。
60. 賴格: 《中國經典》(James Legge, *The Chinese Classics*)，香港大學出版社，1960 年。

61. 劉子健: <封禪文化與宋代明堂祭天>，見《中央研究院民族學研究所集刊》卷 17，頁 45-51 (1964 年秋)。

62. 劉子健: 《宋朝的改革: 王安石及其新政》(James T. C. Liu *Reform in Sung China: Wang An-shih (1021-1086) and His New Policies*)，哈佛大學出版社，1959 年。

63. 劉大杰: 《中國文學發達史》上海，中華書局，1962 年。

64. 諸橋轍次: 《 儒學の目的と宋儒の活動 》東京， 大修館書店，1929 年。

65. 歐陽修: 《歐陽文忠公文集》四部叢刊本。

66. 蔡上翔: 《王荆公年譜考略》上海: 中華書局，1959 年。

67. 韓愈: 《韓昌黎集》上海，商務印書館，1930 年。

68. 《禮記正義》四部備要本。

69. 聶崇岐: 《宋史叢考》北京，中華書局，1980 年。

70. 譚丕模: <李 (覯) 王 (安石) 的政治哲學>，見《師大月刋》卷18，頁 196-208 (1935 年)。

71. 麓保孝: 《北宋に於ける儒學の展開》東京，書籍文物流通會，1967 年。

72. 蘇金源、李春圃編: 《宋代三次農民起義史料彙編》北京，中華書局，1963 年。

73. 顧立雅: 《中國思想——從孔子到毛澤東》 (Herlee G. Creel, *Chinese Thought from Confucius to Mao Tse-tung*)，芝加哥大學出版社，1953 年。

74. 顧立雅: 《 孔子與中國人的生活方式 》(Herlee G. Creel, *Confucius and the Chinese Way*) 紐約，哈普爾公司，1960 年。

75. 顧立雅: 《申不害: 公元前四世紀的中國政治哲學家》(Herlee G. Creel, *Shen Pu-hai, A Chinese Political Philosopher of the Fourth Century B.C.*) ，芝加哥大學出版社，1974 年。

76. 顧立雅: 《 什麼是道家? 》(Herlee G. Creel, *What is Taoism?*)，芝加哥大學出版社，1970 年。

77. 《續長編》即李燾《續資治通鑑長編》。

78. 顧立雅: 《中國治國策之起源》(Herlee G. Creel, *The Origins of Statecraft in China*)，芝加哥大學出版社，1970年。

索　引

五　畫

六　畫

七　畫

八 畫

九 畫

十　畫

十 一 畫

十 二 畫

十 三 畫

十 四 畫

十 五 畫

十 六 畫

十 七 畫

世界哲學家叢書(一)

書名	作者	出版狀況
孟子	黃俊傑	撰稿中
老子	劉笑敢	撰稿中
莊子	吳光明	已出版
墨子	王讚源	撰稿中
淮南子	李增	撰稿中
賈誼	沈秋雄	撰稿中
董仲舒	韋政通	已出版
揚雄	陳福濱	撰稿中
王充	林麗雪	排印中
王弼	林麗真	已出版
嵇康	莊萬壽	撰稿中
劉勰	劉綱紀	已出版
周敦頤	陳郁夫	已出版
邵雍	趙玲玲	撰稿中
張載	黃秀璣	已出版
李覯	謝善元	已出版
王安石	王明蓀	撰稿中
程顥、程頤	李日章	已出版
朱熹	陳榮捷	已出版
陸象山	曾春海	已出版
陳白沙	姜允明	撰稿中
王陽明	秦家懿	已出版
方以智	劉君燦	已出版
朱舜水	張立文	撰稿中
眞德秀	朱榮貴	撰稿中

世界哲學家叢書(二)

書名	作者	出版狀況
劉蕺山	張永儁	撰稿中
黃宗羲	盧建榮	撰稿中
顏元	楊慧傑	撰稿中
戴震	張立文	已出版
竺道生	陳沛然	已出版
眞諦	孫富支	撰稿中
慧遠	區結成	已出版
僧肇	李潤生	已出版
智顗	霍韜晦	撰稿中
吉藏	楊惠南	已出版
玄奘	馬少雄	撰稿中
法藏	方立天	排印中
惠能	楊惠南	撰稿中
登觀	方立天	撰稿中
宗密	冉雲華	已出版
永明延壽	冉雲華	撰稿中
知禮	釋慧嶽	撰稿中
大慧宗杲	林義正	撰稿中
世親	釋依昱	撰稿中
袾宏	于君方	撰稿中
章太炎	姜義華	已出版
熊十力	景海峰	排印中
馮友蘭	殷鼎	排印中
唐君毅	劉國强	撰稿中
龍樹	萬金川	撰稿中

世界哲學家叢書㈢

書名	作者	出版狀況
元曉	李箕永	撰稿中
休靜	金煐泰	撰稿中
知訥	韓基斗	撰稿中
道元	傅偉勳	撰稿中
李栗谷	宋錫球	撰稿中
李退溪	尹絲淳	撰稿中
伊藤仁齋	田原剛	撰稿中
山鹿素行	劉梅琴	已出版
山崎闇齋	岡田武彥	已出版
三宅尚齋	海老田輝已	撰稿中
中江藤樹	木村光德	撰稿中
貝原益軒	岡田武彥	已出版
荻生徂萊	劉梅琴	撰稿中
富永仲基	陶德民	撰稿中
楠本端山	岡田武彥	排印中
吉田松陰	山口宗之	已出版
西田幾多郎	廖仁義	撰稿中
柏拉圖	傅佩榮	撰稿中
亞里斯多德	曾仰如	已出版
聖奧古斯丁	黃維潤	撰稿中
聖多瑪斯	黃美貞	撰稿中
笛卡兒	孫振青	已出版
斯賓諾莎	洪漢鼎	撰稿中
洛克	謝啓武	撰稿中
巴克萊	蔡信安	撰稿中

世界哲學家叢書㈣

書名	作者	出版狀況
休謨	李瑞全	撰稿中
盧梭	江金太	撰稿中
康德	關子尹	撰稿中
費希特	洪漢鼎	撰稿中
黑格爾	徐文瑞	撰稿中
祁克果	陳俊輝	已出版
約翰彌爾	張明貴	已出版
馬克思	許國賢	撰稿中
狄爾泰	張旺山	已出版
韋伯	陳忠信	撰稿中
卡西勒	江日新	撰稿中
雅斯培	黃藿	撰稿中
胡塞爾	蔡美麗	已出版
馬克斯・謝勒	江日新	已出版
海德格	項退結	已出版
高達美	張思明	撰稿中
漢娜鄂蘭	蔡英文	撰稿中
盧卡契	錢永祥	撰稿中
哈伯馬斯	李英明	已出版
馬利丹	楊世雄	撰稿中
馬塞爾	陸達誠	撰稿中
梅露・彭迪	岑溢成	撰稿中
德希達	張正平	撰稿中
呂格爾	沈清松	撰稿中
懷德黑	陳奎德	撰稿中

世界哲學家叢書(五)

書　名	作　者	出版狀況
卡納普	林正弘	撰稿中
卡爾巴柏	莊文瑞	撰稿中
柯靈烏	陳明福	撰稿中
穆爾	楊樹同	撰稿中
維根斯坦	范光棣	撰稿中
奥斯汀	劉福增	撰稿中
史陶生	謝仲明	撰稿中
赫爾	馮耀明	撰稿中
帕爾費特	戴華	撰稿中
魯一士	黃秀璣	撰稿中
珀爾斯	朱建民	撰稿中
詹姆斯	朱建民	撰稿中
杜威	李常井	撰稿中
史賓格勒	商戈令	已出版
奎英	成中英	撰稿中
洛爾斯	石元康	已出版
諾錫克	石元康	撰稿中
希克	劉若韶	撰稿中